Schlank mit Genuss

Intervallfasten

Mit wissenschaftlich belegten Methoden und 60 köstlichen Rezepten

APOTHEKEN Umschau

Inhalt

Vorwort

Liebe Leserin, lieber Leser,

Sie hat die Lust am Verzicht gepackt? Sie möchten das Fasten ausprobieren? Dann haben Sie mit diesem Buch einen tollen Begleiter gewählt. Denn Intervallfasten bietet den perfekten Einstieg für diejenigen, die sich nur schwer vorstellen können, lange Zeit auf Essbares zu verzichten. Beim Intervallfasten müssen Sie nicht Tage oder gar Wochen ohne Nahrung auskommen, sondern – je nach Methode – nur einige Stunden bis maximal einen Tag. Übrigens ganz ohne zu hungern.

Wie das funktionieren soll, fragen Sie sich? Die Antworten finden Sie in diesem Ratgeber. Dabei lernen Sie die drei beliebtesten Intervallfasten-Methoden 16:8, 5:2 und das Alternate Day Fasting, kurz ADF, kennen. Probieren Sie Schritt für Schritt aus, welche Methode am besten zu Ihrem Leben und zu Ihrer Persönlichkeit passt. Erleben Sie am eigenen Körper, wie aus der Lust am Verzicht Überzeugung wird, und spüren Sie, wie gut Ihrem Körper die Esspausen tun.

Das Intervallfasten ist nämlich keine Crash-Diät, die ein paar Pfunde purzeln lässt, sondern eine effektive Ernährungweise, die unsere Stoffwechselvorgänge optimiert. Ganz nach dem Vorbild unserer Urahnen, die nicht im Überfluss auf Nahrung zugreifen konnten. Heute dagegen haben wir uns so sehr an das große Angebot gewöhnt, dass wir in einer Dauer-Ess-Schleife stecken. Hunger haben wir selten. Es sind eher die Lust, der Trost, der Stress oder auch die Langeweile, die uns dazu verleiten, ständig zu essen.

Mit jedem Bissen werden allerdings hormonelle Prozesse in Gang gesetzt: Unser Körper hat keine Chance, die Fettdepots, die er für magere Zeiten angelegt hat, auch wieder zu leeren. Lassen Sie Ihrem Stoffwechsel jedoch genügend Zeit, die Fettverbrennung anzukurbeln, indem Sie ihn zwischen den festen Mahlzeiten quasi wieder auf Null zurücksetzen, werden Sie feststellen, dass Sie nicht nur abnehmen, sondern auf Dauer auch fitter und gesünder werden, besser schlafen und ganz nebenbei auch Ihr Gewicht halten. Dabei werden Sie bemerken, dass Sie weniger essen, ohne viel zu vermissen.

Die Gerichte im Rezeptteil machen lange satt, schmecken köstlich und lassen sich leicht zubereiten. Sogar auf ein leckeres Dessert müssen Sie beim Intervallfasten nicht verzichten.

Wir wünschen Ihnen viel Freude beim Ausprobieren, und bleiben Sie gesund.

Julia Rotherbl

Julia Rotherbl

Dennis Ballwieser

Dr. Dennis Ballwieser

Chefredakion Apotheken Umschau

Gesünder leben dank Intervallfasten

Am Anfang war das Fasten

Bewusst nicht zu essen, obwohl Nahrung allgegenwärtig ist? Das klingt widersinnig. Doch unser Körper braucht Ernährungspausen, um gesund und schlank zu bleiben – oder zu werden.

Der Verzicht auf Nahrung ist so alt wie die Menschheit. Zugegeben: Zu Anfang waren Esspausen alles andere als freiwillig. Sie hingen maßgeblich vom Jagd- und Sammelgeschick unserer Vorfahren ab. Erlegte jemand ein Tier oder fand essbare Früchte, schlugen sich damit alle die Bäuche voll. Oft saßen die Menschen aber auch tagelang mit knurrendem Magen am Feuer. Übergewicht war damals ein Fremdwort, da Nahrung rar und nur in Verbindung mit Bewegung verfügbar war.

Hungern als religiöser Akt

Mit der Entstehung der Religionen gewann der freiwillige Verzicht von Nahrung zunehmend an Bedeutung. In fast allen Glaubensrichtungen zählen rituelle Esspausen zu den Grundpfeilern des Glaubens, auch wenn sie mittlerweile nicht mehr oft praktiziert werden. Die Anlässe der Askese sind vielschichtig: Während die einen durch die Nahrungskarenz Götter, wichtige Ereignisse oder bedeutsame Phasen ehren, ist für

andere der freiwillige Verzicht mit Buße verschiedener Vergehen oder mit innerer Einkehr verbunden.

Nahrung ist immer und überall verfügbar

Heute brauchen wir weder einem Reh hinterherzuhetzen noch auf einen Apfelbaum zu klettern, wenn wir Hunger haben. Lebensmittel sind allgegenwärtig und kommen bei Bedarf sogar per Mausklick zu uns. Wir müssen dafür nicht einmal mehr das Haus verlassen – komfortabel, aber schlecht für die Gesundheit. In Wohlstandsgesellschaften leidet der Körper nicht nur unter einer zunehmenden Bewegungsarmut. Es sind vor allem zwei zentrale Ernährungsprobleme, die uns zusetzen:

1. Wir essen über den Tag verteilt grundsätzlich zu häufig.
2. Wir konsumieren zu viele stark verarbeitete Nahrungsmittel und Fertiggerichte. Dazu zählt auch der Genuss von gesüßten Getränken.

Fasten als Therapie

Wie stark die Ernährung unser Wohlbefinden beeinflusst und sie zudem Krankheiten begünstigen kann, stellten übrigens schon im 19. Jahrhundert heilkundige Menschen wie Otto Buchinger, Sebastian Kneipp, Johann Schroth, F.X. Mayr und Maximilian Bircher-Benner fest.
Bereits damals, vor allem aber später in den Jahren des Wirtschaftswunders schlemmten viele Menschen mehr als ihnen guttat. Sie litten unter Übergewicht, Gicht und Arthritis. Kneipp und Co. fanden heraus, dass ein bewusster, zeitlich begrenzter Nahrungsentzug positiv wirkt. Aus diesem Wissen entstanden spezielle Essens- und Fastenkonzepte, um die Beschwerden ihrer Patienten und Patientinnen zu lindern. Bis heute haben die Konzepte Gültigkeit, etwa das Heilfasten nach Buchinger.

Teilzeit auf dem Teller

Doch tage- oder wochenlang auf Nahrung verzichten? Der Großteil der Bevölkerung verhielt sich demgegenüber eher skeptisch. Als Wissenschaftler in Tierversuchen feststellten, dass die positiven Effekte des Fastens nicht erst nach Tagen, sondern bereits nach Stunden einsetzen, war das die Geburtsstunde des Intervallfastens!
Über die beeindruckenden Folgen dieser Ernährungsweise möchten wir Sie auf den folgenden Seiten informieren.

Intervallfasten – mehr als eine Diät

Kaum eine Ernährungsform hat in den letzten Jahren so viel Aufmerksamkeit erregt wie das Intervallfasten – und das vollkommen zu Recht.

Lange lag das Augenmerk der intermittierenden – also der zeitweisen – Fastenmethoden ausschließlich auf den purzelnden Kilos. Verständlich: Laut der Deutschen Adipositas Gesellschaft (DAG) sind mittlerweile rund zwei Drittel der Männer und die Hälfte der Frauen hierzulande übergewichtig. Die Zahl der Abnehmwilligen ist also immens.

Gerade das Intervallfasten wurde schnell als Wunderdiät gefeiert. Wer träumt schließlich nicht davon, ein paar Stunden kulinarisch kürzerzutreten, dann nach Herzenslust zu schlemmen und trotzdem schlanker zu werden? Dem gesundheitlichen Nutzen wird eine solche Fokussierung aufs Abnehmen aber nicht gerecht. Doch dazu später mehr …

Lassen Sie uns zunächst einen Blick darauf werfen, warum überhaupt so viele Menschen Probleme mit ihrem Gewicht haben. Denn inzwischen steht fest: Übergewicht und Fettleibigkeit (Adipositas) sind weniger eine Folge unserer steinzeitlichen Prägung, wie lange angenommen. Auch wenn unsere Gene dabei ebenfalls eine Rolle spielen: Unsere Gewichts-

Schlüsselrolle Insulin: Je weniger und seltener das Hormon ausgeschüttet wird, desto besser für unsere Figur. Gesunde Kost mit viel Gemüse drosselt die Ausschüttung

probleme haben in erster Linie etwas mit unseren Hormonen zu tun, allen voran dem Insulin.

Die zwei Gesichter des Insulins

Mit dem Begriff Insulin verbinden wir spontan Blutzucker. Das stimmt auch. Denn haben wir etwas gegessen, steigt der Blutzuckerspiegel an. Besonders kurzkettige Kohlenhydrate wie etwa der Haushaltszucker oder das Weißmehl, die haufenweise in Süßigkeiten, Nudeln, Fertigprodukten oder gezuckerten Getränken stecken, erhöhen ihn stark und schnell. Die Bauchspeicheldrüse schüttet daraufhin Insulin aus, damit der Zucker aus dem Blut in die Körperzellen geschleust werden kann. Insulin übernimmt dabei eine Art Schlüsselfunktion und schließt die Zellen auf. Passiert das zu oft und mit zu großen Zuckermengen, wie es ja heute oft der Fall ist, macht uns das dicker und kränker. Warum?

Auch hier spielt das Insulin die Schlüsselrolle: Denn Insulin schleust nicht nur den Zucker in die Zellen. Insulin fungiert in erster Linie als Energiespeicherhormon. Es sorgt dafür, dass überschüssige Energie als Fett gespeichert wird. Doch nicht nur das: Ein erhöhter Insulinspiegel verhindert, dass der Körper das Fett wieder abbauen kann.

Das Ziel muss also sein, die Ausschüttung von Insulin zu reduzieren – sowohl was die Häufigkeit der Ausschüttung betrifft also auch von der Insulinmenge her. Genau hierin liegt das Erfolgsgeheimnis des Intervallfastens.

Essen mit Pausen – zeitweise fasten

Mahlzeiten sind erlaubt, aber mit viel Leerlauf dazwischen.

Intermittierendes Fasten, wie das Intervallfasten auch genannt wird, entspricht unserer ursprünglichen Ernährungsweise: Das heißt keine kleinen Mahlzeiten, keine Snacks zwischendurch, sondern gesundes Essen in definierten Zeiträumen mit viel „Leerlauf" dazwischen. Denn nur durch Esspausen können wir gesund und schlank bleiben.

Ständiges energiereiches Essen und Trinken aber – mit viel Zucker und verarbeiteten Kohlenhydraten – machen uns dagegen dick und krank. Der Grund dafür sind häufig erhöhte Blutzuckerspiegel und die damit verbundenen Insulinausschüttungen. Sie setzen einen Masteffekt und damit auch einen Teufelskreis in Gang: Das Insulin senkt schnell den Blutzuckerspiegel, was wiederum ein Hungergefühl auslöst. Wir haben immer Appetit und fühlen uns nie richtig satt.

Teilzeitfasten bringt dagegen die Normalität zurück – eine Erleichterung für unseren Körper und eine Investition in unsere Gesundheit. Beim intermittierenden Fasten gilt deshalb nur eine Regel: In den Essphasen darf – idealerweise gesund und vollwertig – gegessen werden und in den Esspausen nicht.

Wer hat an der Uhr gedreht?

Warum Kurzzeitfasten als Abnehmmethode so beliebt ist, liegt auf der Hand. Statt Kalorien zu zählen oder komplizierte Ernährungsregeln befolgen zu müssen, genügt es, einfach die Uhr im Blick zu behalten. Zudem werden große Teile der Fastenzeiten verschlafen. Doch was passiert beim Intervallfasten genau? Der Haupteffekt des Intervallfastens beruht auf der Tatsache, dass unser Organismus in den Hungerstoffwechsel umschaltet, was langfristig ein Gewinn für den kompletten Körper ist. Wir erinnern uns: Der Insulinspiegel sinkt während der Esspausen. Das ermöglicht dem Körper überhaupt erst, Fett zur Energiegewinnung abzubauen. Sind nämlich alle schnell verfügbaren Energielieferanten aufgebraucht, geht's an die Fettreserven, und die Leber wandelt Fettsäuren in Ketonkörper um. Erkennbar am leichten Acetongeruch, den Fastende oft ausdünsten. Diese Stoffwechselprodukte nähren und schützen das Hirn.

Zudem wirkt die Esspause wie eine Kur für Organe, besonders für die Leber, die unter einem Überangebot an Nahrung besonders leidet. So entwickelt sich laut Deutscher Gesellschaft für Gastroenterologie, Verdauungs- und Stoffwechselkrankheiten die nicht-alkoholische Fettlebererkrankung zur neuen Zivilisationskrankheit und wird zur Herausforderung für unser Gesundheitswesen. Eine nicht-alkoholische Fettleber kann entstehen, wenn dauerhaft mehr Energie über die Nahrung aufgenommen als durch Bewegung verbraucht wird. Auch die Gelenke profitieren von kulinarischen Auszeiten. Und zwar aus zwei Gründen: Übergewicht kann das Risiko für Gelenkprobleme erhöhen und verstärken. Wer sein Normalgewicht durch Intervallfasten erreicht, kann dies verhindern. Zudem ist Körperfett ein stoffwechselaktives Gewebe, das körpereigene Botenstoffe ausschüttet und entzündliche Prozesse im Organismus befeuert. Dies kann einen negativen Verlauf rheumatischer Erkrankungen begünstigen.

Ein anderer diskutierter Vorgang während des Fastens wird als sogenannte Autophagie (griech. = Selbstverzehren) bezeichnet. Bei diesem inneren Recycling werden beschädigte Zellen abgebaut und neu verwertet, was auch den Alterungsprozess verlangsamen soll. Das funktioniert allerdings nur, wenn die Bauchspeicheldrüse kein Insulin ausschüttet, wie sie es aber immer nach jeder Mahlzeit macht.

Adieu Heißhunger und Jo-Jo-Effekt!
Zweifelsohne sind ein paar Pfündchen weniger eine wunderbare Nebenwirkung des Kurzzeitfastens. Die viel wichtigeren Effekte fristeten jedoch lange ein Schattendasein: Die längeren Esspausen schützen uns vor den größten Gefahren für unsere Gesundheit: Herz-Kreislauf-Erkrankungen, Diabetes Typ 2, Rheuma und Arthritis, Darmprobleme, entzündliche Erkrankungen, Demenz und Depressionen. Esspausen verbessern nachweislich die Blutfette beziehungsweise den Cholesterinspiegel und den Blutdruck. Zudem wirkt eine Einschränkung der Kalorien offenbar lebensverlängernd. Und ganz nebenbei lernen wir wieder unseren Körper besser kennen, spüren intensiver Hunger und Sättigung. Hinzu kommt, dass auch das Risiko für Heißhungerattacken und den gefürchteten Jo-Jo-Effekt merklich sinkt, da die Bauchspeicheldrüse kein Insulin ausschütten muss. Und auch das Bewusstsein für Ernährung ändert sich. Dennoch spielt auch bei dieser Ernährungsmethode die Auswahl der Lebensmittel eine große Rolle (siehe dazu Seite 100/101). Zudem empfiehlt es sich, in den Essphasen nur zwei Mahlzeiten zu konsumieren.

Für wen Intervallfasten nicht geeignet ist
Teilzeitfasten ist für alle geeignet, die gesund werden oder bleiben wollen oder ihr Gewicht reduzieren möchten. Doch es gibt auch Personen, die nicht fasten sollten oder nur nach ärztlicher Rücksprache. Dazu zählen:

- Kinder und Jugendliche
- Schwangere und Stillende
- Diabetiker:innen
- Chronisch Kranke und Menschen mit Vorerkrankungen wie Krebs, Nieren- und Herzerkrankungen, Gicht- oder Gallenproblemen
- Menschen mit Essstörungen oder Depressionen

Jo-Jo-Effekt: Gesundes Essen und lange Esspausen dazwischen können ihn verhindern

Es gibt viele Varianten

Die bekanntesten Methoden des Intervallfastens heißen 16:8, 5:2 und das ADF. Was sie ausmacht und worin sie sich unterscheiden.

16:8 bedeutet, 16 Stunden nicht zu essen und in einem Acht-Stunden-Fenster maximal zwei Mahlzeiten aufzunehmen. Bei der 5:2-Methode gibt es zwei Fastentage, die innerhalb einer Woche untergebracht werden müssen. Beim Alternate Day Fasting (ADF) wechseln sich Ess- und Fastentage ab, man fastet also jeden zweiten Tag.

Es gibt noch diverse Abwandlungen der einzelnen Varianten, von 16:8 zum Beispiel auch gemäßigtere Formen wie 15:9 oder 14:10. Die Fastenzeiten zu variieren, kann Anfängern sehr helfen.

Inzwischen gibt es auch Fans von deutlich längeren Fastenzeiten, etwa von 18:6 oder sogar 20:4. Letzteres bedeutet, nur eine Mahlzeit am Tag zu sich zu nehmen. Diese Variante ist auch als „Warrior Diet" (englisch für: Kriegerdiät) bekannt. Warrior-Anhänger:innen nehmen oft mit einem Mal erhebliche Mengen an Nahrung und damit Kalorien zu sich, beispielsweise in Form von wagenradgroßen Pizzen und literweise Milchshakes. Davon gepostete Fotos im Internet sehen zwar beeindruckend aus, verfehlen aber den eigentlichen Sinn des Fastens: Seinem Körper etwas Gutes zu tun.

Bei allen Intervallfasten-Varianten gilt: Egal, ob Sie zweimal in der Woche oder jeden zweiten Tag, ob Sie 16 Stunden oder gar länger fasten – Hauptsache, die Esspausen sind möglichst lang. Und die Auswahl der Lebensmittel in den Essphasen erfolgt bewusst, basierend auf viel Gemüse, wertvollen Eiweißlieferanten und komplexen Kohlenhydraten.

Drei zur Auswahl

In diesem Buch wollen wir uns nur den drei häufigsten Varianten widmen. Und zwar aus einem einfachen Grund: 16:8, 5:2 und ADF zählen zu den beliebtesten und alltagstauglichsten Methoden. Der Großteil der Kurzzeit-Fastenden entscheidet sich für 16:8, gefolgt von 5:2 und ADF.

Zudem liegen nur für diese Methoden Studien vor, etwa von führenden Fastenexperten wie Prof. Dr. Andreas Michalsen, Prof. Dr. Claus Leitzmann oder den internationalen Fasten-Forschern Valter Longo, Frank Madeo und Satchin Panda, um nur einige zu nennen. Allerdings möchten wir an dieser Stelle darauf hinweisen, dass es zwar Untersuchungen zum intermittierenden Fasten gibt, aber eben nur wenige. Und: Fast alle wurden mit Tieren durchgeführt, vor allem mit Mäusen. Die Ergebnisse sind entsprechend nur bedingt auf uns Menschen übertragbar.

Grenzenlos schlemmen?

Nicht nur auf die Esspausen kommt es an, auch die Auswahl der Lebensmittel beeinflusst den Fastenerfolg und die Gesundheit.

Die Beliebtheit des intermittierenden Fastens kommt nicht von ungefähr. Wenig Verzicht, viel Genuss, so lautet das einfache Motto. Statt lästige Kalorien zu zählen oder einen Bogen um bestimmte Lebensmittel machen zu müssen, gilt es nur auf die Uhr oder den Kalender zu schauen. Entweder es wird gegessen oder eben nicht. Dennoch - und das ist auch jedem klar - profitiert weder die Gesundheit noch die Figur, wenn in den Essphasen exzessiv geschlemmt wird. Wer in den acht Stunden nur Pommes und Sahnetorte isst, wird trotz 16 Stunden Nahrungskarenz weder gesünder noch schlanker, sondern mit Sicherheit dicker. Deshalb gibt es hier einige Ernährungsempfehlungen vorab.

Essen Sie grundsätzlich ausgewogen und vollwertig

Der Grundstock, da ist sich die Ernährungswissenschaft mittlerweile einig, sollte pflanzenbasiert sein: Gemüse ist sogar das bessere Obst, da es den Blutzuckerspiegel langsamer steigen lässt. Mindestens 500 Gramm Brokkoli und Co. sollten pro Tag in Ihrem Magen landen (siehe ideales Mengenverhältnis nach dem Tellerprinzip, Seite 17).

Beginnen Sie jede Mahlzeit mit einer proteinreichen Komponente (einen genauen Überblick finden Sie auf Seite 100). Starten Sie mit ein paar Gabeln beziehungsweise Löffeln voll Hülsenfrüchten oder Eiern, Quark, Joghurt, Skyr oder körnigem Frischkäse, magerem Fleisch in Bioqualität oder einer Handvoll Nüssen. Haben wir unseren Appetit mit einer eiweißreichen Kost gestillt, dann essen wir automatisch weniger. Denn Eiweiß ist unser stärkster Sattmacher. Ist der Rest dann knackiges Gemüse, gegart oder als Rohkost, purzeln die Kilos, und die Verdauung macht Luftsprünge.

Kein Gläschen in Ehren - deshalb tut Alkoholverzicht so gut

Damit das Kurzzeitfasten seine positiven Effekte auf Ihre Gesundheit und Ihre Figur entfalten kann, ist es ratsam, auch außerhalb der Fastenphasen abstinent zu bleiben und am besten keine alkoholischen Getränke zu konsumieren. Die Gründe sind einleuchtend und werden Sie schnell überzeugen:

- **Alkohol enthält viele Kalorien**

Cocktails, Bier oder Sekt - auch die alkoholfreien Varianten - sind kalorienreich. Eine Piña Colada am Strand bringt es auf knapp 200 Kalorien, eine Flasche Radler (330 ml) auf 127 und ein kleines Gläschen Sekt (100 ml) immerhin noch auf 83 Kalorien. Auch die Virgin-Alternativen, also die alkoholfreien, liefern immer noch viel Zucker und damit Kohlenhydrate, die den Blutzuckerspiegel stark ansteigen lassen. Entsprechend später startet die Fastenzeit am Abend, selbst wenn man schon seit vielen Stunden nichts mehr gegessen hat.

- **Alkohol erhöht den Insulinspiegel**

Zirkuliert Alkohol im Blut, verlangsamt sich der Stoffwechsel. Alkohol hemmt die Zuckerbildung in der Leber. Zudem liefern alkoholische Getränke meist reichlich leicht verdauliche Kohlenhydrate (Zucker), die den Insulinspiegel erhöhen. Ist zu viel Insulin im Blut, stoppt das wiederum die Fettverbrennung. Daher ist weniger im Falle von Alkohol tatsächlich mehr.

- **Alkohol feuert den Appetit an**

Vor dem Abendessen ein kleines Bier, ein Gläschen Prosecco oder einen Martini bianco als Aperitif? Keine gute Idee! Bier und Co. wirken appetitanregend, sodass man Gefahr läuft, mehr zu essen als eigentlich geplant. Alkohol weckt auch oft die Lust auf einen süßen oder herzhaften Snack. Zudem scheint Hochprozentiges das Gehirn zu beeinflussen und für Essensgerüche zu sensibilisieren.

- **Alkohol enthemmt**

Alkohol in größeren Mengen ist nicht nur der Feind der Leber, sondern auch der Kontrolle. Hochprozentiges enthemmt, Vorsätze fliegen schnell über Bord, und plötzlich scheint die Currywurst so verlockend, dass die eigentliche Esspause ignoriert wird. Besser: Alkohol zur Ausnahme statt zur Regel machen und es auch während der Essphasen bewusst bei einem Glas belassen.

Ideales Mengenverhältnis nach dem Tellerprinzip:
Der Teller ist zur Hälfte mit Gemüse gefüllt. Ein Drittel entfällt auf die Kohlenhydratquelle, zwei Drittel entfallen auf Eiweißreiches

Welche Fastenmethode passt zu mir?

16:8, 5:2 oder doch lieber einen Tag essen, einen Tag fasten? Mit diesem Selbsttest erfahren Sie, welche Variante am besten zu Ihnen passt. Einfach pro Frage die zutreffende Antwort ankreuzen.

Mich an Ernährungsregeln zu halten, fällt mir ...

A. ... sehr leicht. ☐

B. ... extrem schwer. ☐

C. ... relativ leicht, wenn der Zeitraum überschaubar ist. ☐

Hunger kann ich ...

A. ... nicht lange aushalten. Dann bekomme ich schlechte Laune. ☐

B. ... lange ausblenden ohne schwach zu werden. ☐

C. ... eine gewisse Zeit ignorieren, wenn ich ein Ziel vor Augen habe. ☐

Meine Woche ist im Allgemeinen ...

A. ... relativ durchgeplant, trotzdem bin ich auch etwas flexibel. ☐

B. ... turbulent. Kein Tag ist wie der andere. ☐

C. ... sehr strukturiert. Überraschungen mag ich nicht so gerne. ☐

Wenn ich esse, neige ich dazu, über die Stränge zu schlagen.

A. Trifft nicht auf mich zu. ☐

B. Ja, genau das ist mein Problem. ☐

C. Im Großen und Ganzen bin ich diszipliniert. ☐

Morgens bin ich ...

A. ... oft müde und komme schwer in die Gänge. ☐

B. ... meistens relativ fit. ☐

C. ... energiegeladen und sofort einsatzbereit. ☐

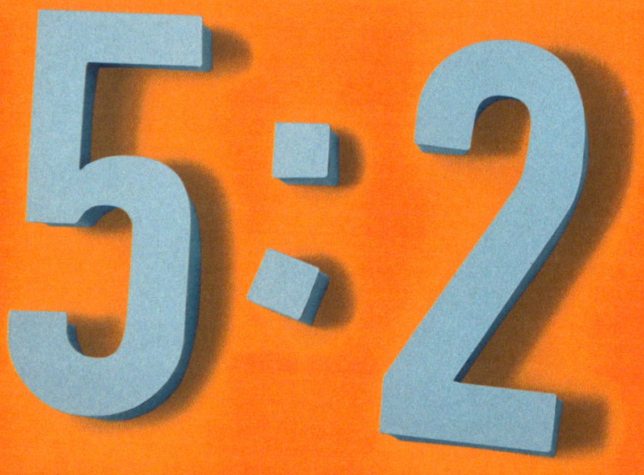

Testergebnis: Diese Fastenvariante passt am besten zu Ihnen:
Schauen Sie, ob Sie A, B oder C am häufigsten angekreuzt haben. Dieser Buchstabe entspricht der Fastenmethode, die am besten für Sie geeignet ist. Haben zwei Buchstaben die gleiche Punktzahl, entscheidet die Praxis. Probieren Sie aus, welche Variante im Alltag besser zu Ihnen passt.

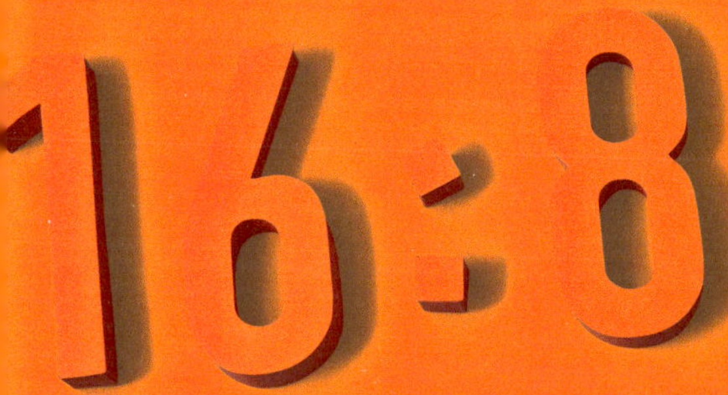

Überwiegend A: 16:8-Methode
Sie wünschen sich einen unkomplizierten Weg, gesund zu bleiben und zusätzlich ein paar Kilos zu verlieren. Zudem brauchen Sie etwas Flexibilität, wenn Sie sich zum Beispiel spontan mit Freunden zum Essen verabreden möchten. Lange Esspausen tun Ihnen zudem körperlich und psychisch nicht gut. Daher ist für Sie die 16:8-Methode ideal. Hier ist das Fasten-Zeitfenster überschaubar, viele Stunden davon werden Sie verschlafen. Gleichzeitig bietet diese Variante jeden Tag die Möglichkeit, entweder das Frühstück oder das Abendessen zu verschieben oder ausfallen zu lassen. Das sorgt für maximale Entscheidungsfreiheit.

Überwiegend B: 5:2-Methode
Um den Großteil der Woche mit nur minimalen Einschränkungen genießen zu können, sind Sie bereit, auch mal tüchtig die Zähne zusammenzubeißen. Nämlich an den zwei Fastentagen, an denen Sie als Frau nur 500 Kalorien und als Mann nur 600 Kalorien zu sich nehmen dürfen. Gleichzeitig fällt es Ihnen im Leben oft leichter, auf etwas komplett zu verzichten statt Maß zu halten. Deswegen sind Sie bei der 5:2-Variante am besten aufgehoben. Da Sie immer für eine spontane Essensverabredung gut sind, spielen Ihnen die beiden frei planbaren Fasten-Tage in die Karten.

Überwiegend C: ADF-Methode
Sie sind der Mischtyp aus A und B. Regeln in puncto Ernährung umzusetzen, fällt Ihnen zwar leicht. Am liebsten möchten Sie sich aber gar nicht so viel mit dem Thema beschäftigen. Daher ist die ADF-Methode prima für Sie. Sie müssen sich nur merken: Heute esse ich, morgen faste ich. Da Sie Ihren Alltag klar strukturieren, können Sie sich die Fasten- und Esstage gut einplanen.

ADF
16:8

Erfolgreich fasten mit der passenden Methode

Fasten mit der 16:8-Methode

Der Nahrungsverzicht kann mühelos in den Alltag integriert werden, selbst wenn niemand aus der Familie mitfastet – probieren Sie es aus.

Diese Variante ist zu Recht die beliebteste unter den Intervallfasten-Methoden. Der Grund: Den Großteil der Fastenzeit verschlafen Sie. Klingt traumhaft, oder? Durch die Verschiebung des Frühstücks nach hinten oder durch ein vorgezogenes Abendessen kommen Sie ganz einfach auf die 16 Stunden Fastenzeit. In den restlichen acht Stunden sollten Sie zwar nicht zügellos schlemmen. Aber was Gemüse und andere vollwertige Nahrungsmittel betrifft, können Sie nahezu unbegrenzt genießen und sich satt essen.

Wie funktioniert sie?

Der Name ist Programm. Das Ess-Zeitfenster beträgt acht Stunden. Nach der letzten Mahlzeit des Tages folgt eine 16-stündige Fastenphase. In dieser Zeit verzichten Sie vollständig auf feste Nahrung, um alle positiven Effekte mitnehmen zu können. Unbedingt empfehlenswert sind mindestens 1,5 Liter Flüssigkeit. Prof. Dr. Andreas Michalsen, Chefarzt der Abteilung Naturheilkunde am Immanuel Krankenhaus Berlin, weist darauf hin, dass Frauen theoretisch auch

nur 14 Stunden fasten müssten. Denn sie haben im Gegensatz zu Männern einen kleineren Zuckerspeicher in der Leber und kommen nach heutigem Wissenstand schneller in den sogenannten Fastenstoffwechsel. Gleichzeitig kann auch länger gefastet werden als 16 Stunden – jedoch nur, wenn es den Teilzeit-Fastenden damit wirklich gut geht.

Was ist ihr Vorteil?

Die 16:8-Methode hat – wie alle Light-Varianten des Fastens – einen großen Benefit:
In den Essphasen brauchen Sie sich theoretisch an keine Regeln zu halten und keine Kalorien zu zählen. Die Betonung liegt auf „theoretisch". Denn: Keine der Methoden schenkt Ihnen die Lizenz zur Völlerei, auch wenn Ihnen das vielleicht von einigen Menschen versprochen wird. Sofern Sie in den Stunden des Genusses hemmungslos und permanent schlemmen, werden Sie nicht abnehmen. Und auch nicht vom zweiten und eigentlich noch größeren Vorteil profitieren können, den wir Ihnen bereits im ersten Kapitel veranschaulicht haben: Das große Plus, Ihrem Körper vom Masthormon Insulin eine Pause zu gönnen. Und damit eine Kaskade an gesundheitlichen Effekten zu starten: die Fettverbrennung, Reparaturmechanismen und die Verhinderung von Zivilisationskrankheiten. Zudem ist diese Variante für viele am einfachsten in den Alltag zu integrieren und auch relativ familien- und gesellschaftskompatibel, weil es jeden Tag ein Ess-Zeitfenster gibt. Zudem können Anwender:innen die Zeiten flexibel gestalten.

Was darf man essen?

Während des Zeitfensters von acht Stunden essen Sie idealerweise zwei Mahlzeiten – die Frage ist nur was. Wer mit dieser Variante abnehmen oder seinem Körper etwas Gutes tun möchte, ernährt sich in den acht Stunden ausgewogen und vollwertig. Unsere Rezepte ab Seite 74 helfen Ihnen dabei. Das hat den zusätzlichen Nutzen, die Fastenphasen mit einem gesunden Hungergefühl gut zu überstehen.

Wie lange sollte man sie anwenden?

Beim intermittierenden Fasten handelt es sich nicht um eine reine Abnehmdiät, sondern um eine gesunde Ernährungsform. Deshalb können Sie alle Methoden so lange durchführen, wie Sie möchten. Voraussetzung: Es geht Ihnen gut damit.

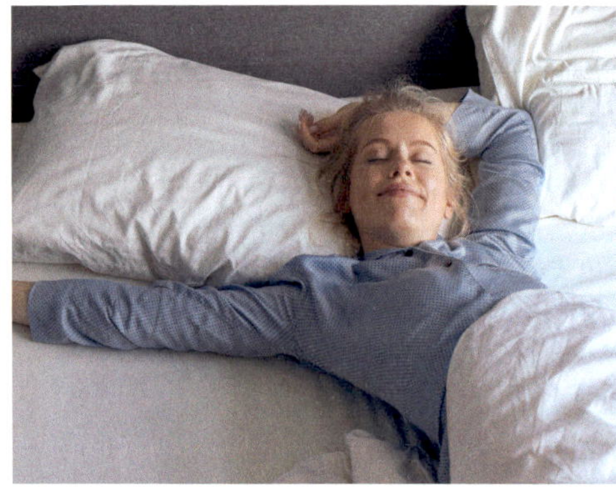

Was und wie viel sollte man trinken?

Eine ausreichende Flüssigkeitszufuhr ist grundsätzlich wichtig für unser Wohlbefinden. Wer keine schweren Nieren- oder Herzprobleme hat, sollte mindestens 1,5 Liter Flüssigkeit pro Tag zu sich nehmen. Kranke sprechen die Menge bitte mit ihrer Ärztin oder ihrem Arzt ab. Beim Fasten sollten Sie noch genauer auf Ihre Trinkmenge achten, um Kopfschmerzen vorzubeugen. Getränke können zudem eine gewisse Zeit über leichte Hungergefühle hinweghelfen. Denn Durst macht sich auf die gleiche Weise bemerkbar wie Hunger. Deshalb ist es sinnvoll, bei aufkommendem Hungergefühl erst einmal ein Glas Wasser zu trinken. Damit Ihre Bauchspeicheldrüse nicht vermehrt Insulin ausschüttet, dürfen die Getränke keinen Zucker beziehungsweise keine Kohlenhydrate enthalten. Optimal sind also Wasser, ungesüßte Kräuter- und Früchtetees sowie Kaffee ohne Milch und Zucker. Auch dünne Brühen sind in Ordnung. Kochen Sie diese am besten selbst, da Instant-Brühen oft Geschmacksverstärker enthalten, die bei manchen Menschen appetitanregend wirken.

Wie viele Mahlzeiten passen in acht Stunden?

Theoretisch können Sie innerhalb der acht Stunden Ihre drei Hauptmahlzeiten und auch Zwischenmahlzeiten einlegen. Besser und effektvoller ist es aber, sich auf zwei Hauptmahlzeiten zu beschränken. Im Idealfall mit einem Abstand von drei bis vier Stunden. Dies vergrößert die Wahrscheinlichkeit, abzunehmen.

Was fällt idealerweise aus: Frühstück oder Abendessen?

Auch das ist Ihre Entscheidung und hängt davon ab, auf welche Mahlzeit Sie leichter verzichten können. Für viele ist es einfacher, das Frühstück um mehrere Stunden nach hinten zu schieben oder sogar komplett darauf zu verzichten und direkt mit dem Mittagessen um 12 Uhr zu starten. Vielleicht aber sind Sie ein Frühstückstyp und können sich dafür leichter das Abendessen verkneifen. Es gibt Hinweise, dass gerade Kohlenhydrate am Abend mehr zu Buche schlagen als in der Früh. Die Insulinreaktion auf Kohlenhydrate ist nämlich tageszeitenabhängig.

Welche Strategien unterstützen den Fastenerfolg?

Ernähren Sie sich in den Essphasen **proteinreich,** um lange satt zu bleiben. Hülsenfrüchte, Joghurt und Quark oder mageres Fleisch (am besten in Bioqualität) sorgen für eine schnelle und anhaltende Sättigung.
Genießen Sie **ballaststoffreich.** Die langkettigen Kohlenhydrate aus Gemüse und Vollkornprodukten wirken durch ihren quellenden Effekt im Magen füllend. Zudem stärken sie das Wachstum von guten Darmbakterien.
Gehen Sie zeitig ins Bett. Große Teile der Fastenzeit können Sie buchstäblich verschlafen. Lange Abende auf dem Sofa verführen dagegen zum Snacken oder verstärken die Lust auf ein Bier oder ein Glas Wein.
Bereiten Sie gute Mahlzeiten vor. Das Motto lautet „**Vorkochen**" (engl. „meal prep"). Damit Sie nicht mit großem Kohldampf in die nächste Imbissbude einfallen, können vorgekochte Gerichte die Vorbereitungszeit verkürzen.
Bewegen Sie sich. Dadurch werden Endorphine, also Glückshormone, ausgeschüttet. Mehr dazu lesen Sie auf Seite 40.
Verwöhnen Sie sich. Gönnen Sie sich ein schönes Schaumbad, eine belebende Massage oder auch einen neuen, aromatischen Tee. Ziel ist, Entspannung und Essen voneinander zu entkoppeln und neue Ideen des Relaxens zu entdecken.

Muss man Sport machen?

Bewegung ist die ideale Ergänzung für alle Intervallfasten-Methoden. Denn durch Sport setzen Sie positive Prozesse in Gang. Sie tun aktiv etwas für Ihre Gesundheit, indem Sie Ihr Herz-Kreislauf-System trainieren. Durch die Bewegung beugen Sie dem Muskelabbau vor, der leider automatisch im Alter stattfindet und auch bei strengen Diäten auftreten kann. Durch Sport vermeiden Sie Stimmungstiefs, da Glückshormone ausgeschüttet werden – eine gute Vorbeugung gegen Abnehmkrisen. In den Fastenpausen sollten Sie Ihr Sportprogramm erstmal langsam starten, um Kreislaufbeschwerden oder ähnliche Probleme zu vermeiden. Nach einer kurzen Eingewöhnungsphase können Sie dann wie gewohnt trainieren.

Der Trick: Vorkochen!
Das wappnet gegen die
Versuchungen der Imbissbude

Warum Schreiben schlank macht

Dokumentieren Sie Ihre Mahlzeiten in einem Ernährungstagebuch. Das hat einen großen Vorteil: Wir lernen sehr viel über unsere Gewohnheiten und Befindlichkeiten. Was Sie notieren und wie ein optimales Tagebuch aussieht.

Wir essen nicht nur, um satt zu werden. Nahrung versorgt unseren Körper und unsere Psyche. Genauso vielschichtig, wie unser Organismus die Lebensmittel zersetzt, aufspaltet und nutzt, sind unsere Motive zu essen. Hunger steht dabei auch im Mittelpunkt, aber nicht nur. Andere Gefühle wie Lust, Langeweile, Gewohnheit, Traurigkeit spielen ebenfalls eine große Rolle und können uns in den wichtigen Esspausen einen Strich durch die Rechnung machen. Ein Tagebuch kann dann die Aufgabe eines Ernährungscoaches, also eines Ernährungsberaters übernehmen und Antworten auf folgende Fragen finden:

Wie oft esse ich?

Beim Intervallfasten geht es darum, nur im jeweiligen Zeitfenster zu essen. Eine Übersicht der Methoden finden Sie auf Seite 15. Doch auch in der Zeit, in der Sie essen, sollten Sie zwischen den Mahlzeiten genügend lange Nahrungspausen einlegen, damit der Insulinspiegel auch immer wieder sinken kann. Ein Freifahrtschein für Völlerei jenseits der Pausen ist deshalb auch das intermittierende Fasten nicht. Denken Sie daran: Entscheidend ist die Quelle der zugeführten Kalorien. Dank Insulin und Co. regelt unser Körper sogar seinen Grundumsatz selbst. Notieren Sie zumindest in der Umstellungsphase, wie oft Sie essen und denken Sie dabei auch an Snacks und Getränke.

Was esse und trinke ich?

Auch hier liegen zwischen Wunsch und Wirklichkeit oft Welten. Liegen die empfohlenen 500 Gramm Gemüse pro Tag auf dem Teller? Eine Steigerung auf diese Mindestmenge führt wie von selbst zu mehr Sättigung, die gerade beim Intervallfasten wichtig ist, um die kulinarischen Ruhezeiten durchzuhalten. Nicht immer ist uns auch klar, wie viel Zucker und Fett in Produkten versteckt wurden. Hauptlieferanten dafür sind – neben Fast Food und Fertigprodukten – vor allem gesüßte Getränke. Sie machen jeden Abnehmversuch zunichte. Übrigens: In rund 80 Prozent aller Produkte, die im Supermarkt verkauft werden, ist Zucker zugesetzt!

Warum esse ich?

Um vor Heißhungerattacken oder dem gefürchteten „Frustfressen" in den Esspausen gefeit zu sein, ist dieser Punkt besonders entscheidend. Haben Sie wirklich Hunger? Oder ist es eher ein anderes Gefühl, das Sie zum Kühlschrank führt? Wer sich dessen bewusst ist, kann besser gegensteuern und ungute Situationen entschärfen.

Wie fühle ich mich nach dem Essen?

Eine Mahlzeit kann verschiedene Reaktionen hervorrufen. Idealerweise fühlen wir uns im Anschluss gut gesättigt und energiegeladen. Es können jedoch auch Sodbrennen, Bauchschmerzen, Müdigkeit, Durchfall oder unangenehme Völlegefühle auftreten. In sich hineinzuhören ist auch immer eine Chance, Lebensmittel zu meiden, die uns nicht guttun. Das muss nicht immer mit einer Nahrungsmittelunverträglichkeit zu tun haben. Sie werden den Effekt zum Beispiel deutlich spüren, wenn Sie in der Mittagspause eine Currywurst mit Pommes gegessen haben. Dann lässt das Energietief nicht lange auf sich warten, weil Ihr Organismus alle Kraft braucht, um die fettige Mahlzeit zu verarbeiten. Ein positiver Effekt des Intervallfastens kann sein, dass sich Ihre Einstellung zu Nahrungsmitteln verändert. Wenn Sie bewusster und seltener essen, werden Sie Ihrem Körper auch in erster Linie mit einer gesunden und ausgewogenen Kost verwöhnen wollen.

Was möchte ich verändern?

Nutzen Sie ein paar Zeilen, um täglich Bilanz zu ziehen. Notieren Sie, was Sie sich für den nächsten Tag vornehmen oder was Sie grundsätzlich ändern wollen. Was lief gut, wo sehen Sie noch Verbesserungspotenzial? Definieren Sie jeden Tag ein neues Ziel. Beispiele dafür können sein:

Ich möchte ...

- mindestens 1,5 Liter Wasser pro Tag trinken.
- weniger zwischendurch naschen.
- mehr Gemüse essen.
- nur noch zweimal pro Woche ein Glas Wein/Bier trinken.
- statt dem Fahrstuhl immer die Treppen nehmen.
- einen Entspannungskurs absolvieren.

Datum: ___ /___ / 20___

Was habe ich wann gegessen?

Grund | Uhrzeit

Was habe ich wann getrunken?

Grund | Uhrzeit

Wie fühle ich mich nach dem Essen?

energiegeladen? / satt? / noch hungrig? / müde? / mit Völlegefühl? / mit Sodbrennen? / glücklich?

Fastenmethode: ________

Warum esse ich während der Esspausen?

echter Hunger? / aus Frust? / aus Langeweile? / aus Gewohnheit? / stressbedingt? / selbstvergessen?

Fazit des Tages

Wie oft habe ich heute etwas gegessen?		___ -mal
Wie lange war(en) dazwischen die Esspause(n)?		___ Stunden
Habe ich 500 g Gemüse geschafft?	ja ☐	nein ☐
Habe ich genügend 1,5 –2 l Wasser getrunken?	ja ☐	nein ☐
Habe ich zwischendurch genascht?	ja ☐	nein ☐

Meine Ziele für morgen

Fasten mit der 5:2-Methode

Hinter dem Namen verbirgt sich das Prinzip: fünf Tage essen, zwei Tage fasten. Welche Tage man sich dafür aussucht, ist jedem selbst überlassen.

Die Variante 5:2 unterscheidet sich grundsätzlich von der bereits vorgestellten 16:8-Methode: An zwei Tagen nehmen Sie nichts außer Wasser oder Tee oder eine sehr begrenzte Menge an Kalorien zu sich. Das bedeutet, dass Sie an diesen zwei Tagen zwar eher den Verzicht – also das Fasten im besten Sinne – verspüren, sich aber an den restlichen fünf Tagen in der Woche um nichts außer einer gesunden und ausgewogenen Ernährung kümmern müssen.

Wie funktioniert sie?

In der Praxis hat es sich als vorteilhaft erwiesen, die zwei Fastentage immer bei der Wochenplanung zu berücksichtigen und sie nicht spontan einzustreuen. An den beiden Tagen dürfen Fastende zirka 25 Prozent ihres üblichen Kalorienbedarfs zu sich nehmen oder auch nur kalorienfreie Flüssigkeit. Die Entwickler der Methode raten zu zwei Mahlzeiten, um den Tag ohne großen Hunger überstehen zu können. An den restlichen fünf Tagen der Woche gibt es keine Regeln – außer sich gesund zu ernähren.

Was ist ihr Vorteil?

Bei dieser Variante spürt man mit minimalem Aufwand die großen Effekte des Kurzzeitfastens. Durch zwei Tage des Verzichts kommt es weder zum Jo-Jo-Effekt, noch zum Muskelabbau. Gerade bei den klassischen Verzichtdiäten sind diese Nachteile oft gar nicht so selten. Bei konsequentem 5:2-Fasten konnten in Studien gute Gewichtsverluste festgestellt werden. Besonders geeignet ist die Methode für Ganz-oder-gar-nicht-Menschen, also Personen, die einen Tag auf Nahrung besser komplett verzichten können als sich dauerhaft einzuschränken. Dafür bedarf es allerdings einer gewissen Willenskraft, da ein Tag ohne Essen eine Herausforderung sein kann. Ein weiterer Vorteil: Die Fastentage können frei bestimmt werden. Das ist günstig für das soziale Leben und die Freizeitgestaltung.

Was darf man essen?

An den beiden Fastentagen können Sie vollständig auf feste Nahrung verzichten (bitte nicht das Trinken vergessen!). Frauen können aber auch etwa 500, Männer 600 Kalorien zu sich nehmen. Klug ist es, die Kalorienmenge auf zwei Mini-Mahlzeiten zu verteilen, um den Karenztag besser zu überstehen. Mindestens genauso klug: Vollwertig und proteinreich zu essen, um lange satt zu bleiben statt zum Schokoriegel zu greifen. Wer also etwas zu sich nehmen will: Ideal sind am Fastentag Gemüse, Vollkornprodukte und gesunde, pflanzliche Eiweißlieferanten. Ab Seite 42 finden Sie wunderbare Ideen, die überraschend gut den Hunger vertreiben und gleichzeitig in Ihre Kalorienbilanz passen.

Wie lange sollte man sie anwenden?

Auch bei dieser Variante handelt es sich nicht in erster Linie um eine Diät, sondern um eine Ernährungsweise. Von daher können Sie 5:2 so lange praktizieren, wie Sie möchten und wie es Ihnen damit gutgeht. Denn selbst wenn Sie vor allem Kilos schreddern wollten und das geschafft haben, profitiert Ihr Körper von dieser Ernährungsweise. Sie werden Ihr neues Gewicht durch die Entlastungstage besser halten können und Ihr Risiko für Zivilisationskrankheiten wie Diabetes Typ 2, Herz-Kreislauf-Erkrankungen, Krebs und entzündliche Erkrankungen sinkt.

Was und wie viel sollte man trinken?

Auch bei der 5:2-Methode sollten Sie mindestens 1,5 Liter kalorienfreie Flüssigkeit pro Tag zu sich nehmen, beispielsweise in Form von Wasser, ungesüßten Früchte- und Kräutertees sowie Kaffee ohne Milch und Zucker. Da Sie beim 5:2-Fasten zwischen 500 und 600 Kalorien zu sich nehmen können, ist auch ein Protein-Shake denkbar. Allerdings werden Sie damit auch den Großteil Ihrer erlaubten Kalorien verbraucht haben und kaum noch ein kalorisches Budget für feste Nahrung haben.

Welche Tage in der Woche eignen sich?

Das hängt von Ihnen und Ihren Lebensumständen ab. Einige legen ihre Fastentage in die Woche, da während dieser Zeit die Arbeit gut vom Essen ablenkt. Andere fühlen sich gerade in einer Arbeitswoche nicht in der Lage zu fasten und verlegen die Zeiten zum Beispiel eher in Richtung Wochenende auf Freitag und Sonntag.

Bereiten Sie sich vor: Was kann man vorkochen?

Hülsenfrüchte wie Linsen, Bohnen und Erbsen sowie (Pseudo-)Getreide wie Buchweizen, Quinoa und Bulgur lassen sich wunderbar vorkochen und zwei bis drei Tage im Kühlschrank lagern. Aufgepeppt mit etwas Pfannengemüse haben Sie damit eine schnelle Mahlzeit parat, die schmeckt und den vorgegebenen Kalorien entspricht. Nützlich sind in diesem Zusammenhang eine Küchenwaage und eine App, mit der Sie die Kalorienmengen bestimmen können.

Welche Nahrungsmittel eignen sich, um auch mit 500 Kalorien satt zu werden?

Ganz klar: Gold für Gemüse! Keine andere Lebensmittelgruppe liefert so viel Gutes und spart zugleich jede Menge Kalorien. Gemüse versorgt uns mit unverarbeiteten Kohlenhydraten, es macht satt und lässt den Blutzucker nur wenig ansteigen – weshalb dann auch der Insulinspiegel niedrig bleibt. Außerdem erhalten wir mit jeder Gemüseportion Vitamine, Mineralien, sekundäre Pflanzenstoffe und Ballaststoffe satt.

Ratsam ist es, jede Mahlzeit mit einem proteinreichen Lebensmittel zu beginnen, da das die schnelle und langanhaltende Sättigung begünstigt. Gute Proteinquellen mit wenig Kalorien sind: Eier, Hülsenfrüchte, Vollkornprodukte sowie Magerquark. Sorgen Sie im Anschluss mit Gemüse für Volumen im Magen. Dann bleiben Sie lange satt.

Muss man Sport machen?

Positiv beim intermittierenden Fasten ist, dass es kaum Regeln gibt. Bis auf das Einhalten der jeweiligen Pausenzeit können Sie bei jeder Methode sehr selbstbestimmt leben und essen. Das erklärt auch die große Begeisterung dafür und das auffällige Durchhaltevermögen, das viele Menschen an den Tag legen. Bei Sport ist es ähnlich: Es gibt keine Vorgaben. Es empfiehlt sich lediglich zu Anfang, noch besser mehr als sonst in sich hineinzuhören und sein Tempo unter Umständen etwas zu drosseln – vor allem nicht sofort 100 Prozent von sich zu erwarten. Tritt der Gewöhnungseffekt ein, was in der Regel nach sechs Wochen geschieht, können Sie Ihr übliches Bewegungsprogramm durchziehen.

Die Top Ten der Gemüse-Leichtgewichte

(pro 100 Gramm)

1.	Salatgurke	13 Kalorien
2.	Eisbergsalat	13 Kalorien
3.	Chinakohl	16 Kalorien
4.	Feldsalat	16 Kalorien
5.	Pfifferlinge	18 Kalorien
6.	Tomate	19 Kalorien
7.	Blattspinat	21 Kalorien
8.	Zucchini	22 Kalorien
9.	Spitzkohl	23 Kalorien
10.	Kohlrabi	27 Kalorien

Aktiv und fit: Ganzkörper-Workout für jeden Tag

Sport unterstützt den Abnehmprozess und verhindert den Muskelabbau. Diese Übungen trainieren gezielt Bauch und Rücken. Das Mini-Workout passt jeden Tag.

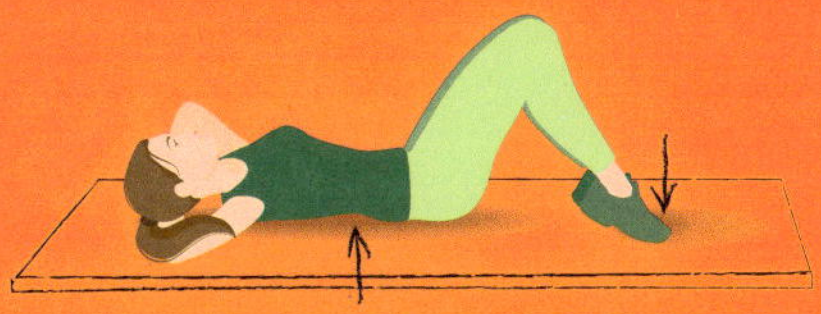

Einfacher Crunch: In Rückenlage. Arme hinter dem Kopf verschränken. Angewinkelte Beine senkrecht anheben, durchstrecken. Dabei Knie zusammen, Zehen Richtung Rumpf ziehen. Oberkörper leicht anheben, ohne am Kopf zu reißen. Ellbogen zeigen nach außen, Gesicht zur Decke. Bei angespanntem Bauch einige Sekunden halten.
Kopf und Beine absenken, Zehenspitzen berühren kurz den Boden.
10 - 12 Wiederholungen,
2 - 3 Durchgänge.

Stehender Crunch Twist: Aufrecht stehen, Beine schulterbreit. Rechtes Bein anwinkeln, Körper nach rechts eindrehen, linker Ellbogen berührt das rechte Knie. Zurück in die Ausgangsposition. Gegengleich nach links wiederholen. Bauch stets angespannt, Rücken gerade.
10 - 12 Wiederholungen je Seite.

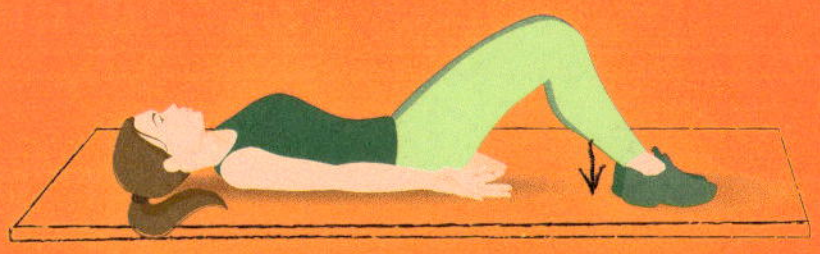

Beckenlift: Rückenlage, Beine angewinkelt, Fersen in den Boden gestemmt. Arme neben Körper, Handflächen nach oben.

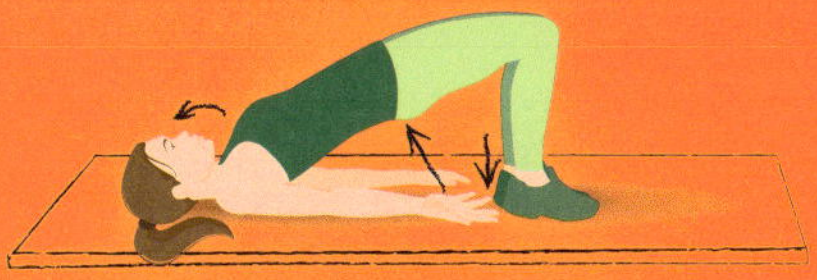

Beim Ausatmen Becken anheben, bis Oberkörper und Oberschenkel eine Linie bilden. Einatmen, langsam zum Boden zurück, ohne den Po abzulegen.
15 - 20 Wiederholungen,
2 - 3 Durchgänge.

Nächste Stufe: Becken anheben, ein Bein anheben, gerade ausstrecken.
10 -15 Sekunden halten.
Zurück in Ausgangsposition.

Fasten mit der ADF-Methode

Alternate Day Fasting: Einen Tag essen, einen Tag fasten. Das steckt hinter dieser wechselnden Fastenmethode.

Diese Fastenmethode hat viele Namen. Vielleicht haben Sie schon von ihr unter diesen Namen gehört: Every-other-day (englisch für: Jeder-Zweite-Tag), Eat-Stop-Eat (Essen-Stop-Essen), Up-Day, Down-Day (Rauf- und Runter-Tag) oder als 24-Stunden-Variante. Gemeint ist immer dasselbe Prinzip: An einen Tag darf gegessen werden, am nächsten Tag ist Pause.

Wie funktioniert sie?

Das Prinzip ist so simpel wie effektiv: Sie verzichten einen Tag vollständig oder fast komplett auf Nahrung. Am nächsten Tag dürfen Sie wieder Ihre gesunden und vollwertigen Gerichte essen. Da es den meisten Menschen schwerfällt, einen ganzen Tag nur Wasser, Kaffee ohne Milch und ungesüßte Früchte- und Kräutertees zu trinken, dürfen Frauen und Männer auch am Fastentag zirka 25 Prozent ihres Tagesbedarfs zu sich nehmen. Köstliche Ideen mit der passenden Kalorienanzahl finden Sie im Rezeptteil ab Seite 42. Bei der ADF-Methode gibt es große Unterschiede hinsichtlich der Fastenstunden.

Dieses Zeitfenster kann 24 Stunden dauern, aber auch 36 Stunden mit einem acht- oder zwölfstündigen Essensfenster.

Was ist ihr Vorteil?

Wie bei allen Fastenmethoden brauchen Sie sich theoretisch an keine Kalorienangaben zu halten außer der Vorgabe: Ernähren Sie sich gesund. Keine unserer Varianten ist erfolgversprechend, wenn Sie sich während der Essphasen nur von Eiscreme und Eisbein ernähren. Ein Plus ist dieses Modell für Menschen, die sich schlecht kontrollieren können und in den Essphasen schnell zu viel essen. Sie fahren mit einem eintägigen und vollständigen Verzicht oft besser. Die gesundheitlichen Effekte konnten sich in den bislang wenigen und nur kleinen Studien sehen lassen. Bei den Frauen und Männern, die an den Studien teilnahmen, sank der Cholesterinspiegel, und die Menge an Bauchfett verringerte sich.

Was darf man essen?

Frauen dürfen etwa 500 Kalorien, Männer 600 Kalorien am Tag des Verzichts essen. Das ist sehr wenig, hilft jedoch oft über eine großes Hungerloch hinweg. Am nächsten Tag dürfen Sie essen, wonach Ihnen ist. Achten Sie aber idealerweise auf eine ausgewogene und gesunde Ernährung mit hohem Pflanzenanteil. Im Normalfall führt dies automatisch zu einer erheblichen Einsparung von Kalorien und damit zu einem großen Gewichtsverlust. Der Grund: Die große Menge an eingesparten Kalorien vom Vortag wird in der Regel nicht am nächsten Essenstag wieder eingeholt.

Wie lange sollte man sie anwenden?

So lange Sie möchten und es Ihnen damit gutgeht. Die ADF-Methode, so ehrlich wollen wir sein, ist jedoch nicht das einfachste Fastenprinzip. Denn Esspausen von 36 Stunden durchzuhalten, verlangen viel Disziplin. In Studien zeigte sich, dass nur wenige diese Form des Fastens lange durchhalten, weil sie den Hunger nicht aushalten oder das Modell nicht in ihren Alltag passt. Versuchen Sie, es anfänglich an den Fastentagen etwas ruhiger angehen zu lassen. Haben Sie sich an die Methode gewöhnt, können Sie Ihren gewohnten Tagesplan umsetzen.

Was und wie viel sollte man trinken?

Trinken Sie jeden Tag mindestens 1,5 Liter Flüssigkeit. Empfehlenswert sind Wasser mit oder ohne Kohlensäure, ungesüßte Kräuter- und Früchtetees, schwarzer Kaffee, grüner oder schwarzer Tee. An den Fastentagen ist auch eine Gemüsebrühe in Ordnung. Gestalten Sie sich an diesen Tagen idealerweise ein kalorienfreies Trinksortiment wie Kräutertees und Wasser in Griffweite. So vergessen Sie nicht, ausreichend zu trinken.

Wie viele Mahlzeiten passen ins ADF-Zeitfenster?

Während der Essphasen sollten Fastende gesunde und vollwertige Kost bevorzugen, wie wir es schon bei den anderen Varianten vorgeschlagen haben. Das bedeutet, sich auch in diesen Zeiten ausgewogen und tendenziell eher proteinreich und pflanzenbasiert zu ernähren. Das ist gerade wichtig, da die Stunden der Nahrungsaufnahme gering sind und die Sättigung entsprechend lange anhalten sollte.

Jeden zweiten Tag fasten: Wie kann man das durchhalten?

Letztlich nur durch Willenskraft. In Studien schafften nur wenige, diese harte Art des Fastens lange durchzuhalten. Essen ist einfach mehr als nur ein Mittel, um satt zu werden. Gemeinsame Mahlzeiten sind auch wichtig für das soziale Miteinander, sei es der Lunch im Kollegenkreis oder das Abendessen mit der Familie nach einem langen Arbeitstag. Da konsequentes ADF einen schnellen und großen Gewichtsverlust mit sich bringt, könnten Interessierte diese Methode auch als zeitlich begrenzten Einstieg nutzen. Rasche Erfolge führen oft zu einem guten Motivationsschub, um am Ball zu bleiben. Sind dann ein Großteil der angestrebten Kilos verschwunden, ist auch ein Umstieg auf eine „alltagsfreundlichere" Variante wie etwa 16:8 denkbar.

Muss man Sport machen?

In der ersten Zeit ist es gut, an den Fastentagen sportlich etwas kürzer zu treten. Sobald sich das allgemeine Schwächegefühl legt, können Sie Ihr übliches Sportprogramm fortsetzen. Die Aktivität wird Ihnen dann wahrscheinlich sogar guttun, da die Ausschüttung von Endorphinen, also Glückshormonen, nicht nur die Stimmung hebt, sondern den Appetit zügelt.

Gut zu wissen

Im Internet wird vereinzelt auch das sogenannte Trocken-Fasten propagiert, das einen noch schnelleren Gewichtsverlust verspricht. Dabei wird in der Fastenphase nicht einmal etwas getrunken. Bitte ignorieren Sie solche unverantwortlichen Vorschläge! Ein Wassermangel kann schwere gesundheitliche Folgen nach sich ziehen wie Kopfschmerzen, Muskel- und Krampfanfälle sowie Nierenprobleme.

Entspannter durchhalten

Es gibt viele Gründe, sich mehr zu entspannen. Auch eine Ernährungsumstellung kann dazu gehören. Dieses Training hilft beim Intervallfasten.

Ausdauertraining

Stress aktiviert den Körper, das ist seine biologische Funktion. Er stellt den Organismus auf Bewegung ein – ein Überbleibsel aus Urzeiten, als unsere Ahnen kämpfen oder fliehen mussten, um bei Gefahren zu überleben. Durch Ersatzbewegung wie etwa Walken, Joggen oder Radfahren nutzt der moderne Mensch die zusätzliche Energie, die der Organismus in Stresssituationen zur Verfügung stellt, am sinnvollsten – und baut damit die Hormone Kortisol und Adrenalin ab. Von einem entspannungsfördernden Ausdauertraining profitieren vor allem jene Menschen, die im Beruf überwiegend geistig gefordert sind, also zum Beispiel Büroangestellte. Denn wer den ganzen Tag sitzt und keinen Ausgleich schafft, staut die in Stresssituationen bereitgestellte Energie auf, die dann aber nicht abgebaut wird. Typische Folgen sind Spannungszustände, die sich entweder als innere Unruhe mit einem Bewegungsdrang äußern oder sich auch als Rückenschmerzen zeigen. Ausdauersport ist dann ein gutes Ventil, um sich abzureagieren.

Sanfte Bewegung

Muskelentspannung und die fernöstlichen Trainingsformen Yoga, Tai-Chi und Qigong zielen darauf ab, mit sanften körperlichen Übungen auch mental dem Stress zu entkommen. Die Progressive Muskelentspannung nach Jacobson ist besonders leicht erlernbar. Dabei wird von den Händen über den Kopf bis zu den Füßen eine Körperregion nach der anderen bewusst an- und anschließend wieder entspannt. Wer die Methode beherrscht, kann sie praktisch überall unbemerkt von anderen anwenden, beispielsweise auch am Arbeitsplatz oder im Wartezimmer. Vor allem für Menschen, die nur wenig Zeit erübrigen können, eignet sich dieses Verfahren, da es ohne großen Aufwand auskommt. Erlernt werden sollte die Progressive Muskelentspannung am besten unter professioneller Anleitung. Das gilt auch für Yoga, Tai-Chi und Qigong, bei denen Bewegung und Atmung eine enge Verbindung eingehen. Von diesen Techniken profitiert, wer Körperwahrnehmung und Konzentrationsfähigkeit verbessern will.

Mentale Entspannung

Konzentrationsfähigkeit ist bei Autogenem Training, Meditation und Biofeedback nicht das Ziel, sondern eine wichtige Voraussetzung. Diese Techniken sind deshalb empfehlenswert für alle, die sich innerlich sammeln und bildlich leicht etwas vorstellen können. Menschen, die mental stark überreizt sind, tun sich oft schwer, den Geist als Zugangspforte für Entspannung zu nutzen. Für sie ist es besser, zuerst Sport zu treiben und dann im Anschluss eine konzentrative Methode anzuwenden. Psychisch labilen Personen raten Mediziner:innen, meditative Techniken mit ihrem religiös-spirituellen Hintergrund nur unter fachlicher Anleitung auszuüben, da sie Ängste auslösen können. Auch Autogenes Training sollte man sich in einem Kurs aneignen.

Genießen

Sich im Alltag mit Massagen, Entspannungsbädern, Spaziergängen oder einfach Nichtstun zu belohnen, schafft intensive Momente der Erholung und des Abschaltens.
Die Vorfreude kann durch den ganzen Tag tragen. Diese Tätigkeiten sind geeignet für begeisterungs- und genussfähige Menschen, die Augenblicke des Glücks bewusst wahrnehmen und dabei auftanken können. Der Nachteil: Sie ändern nichts an der Lebenssituation und den konkreten Stressauslösern. Der Genießer akzeptiert die Lage so, wie sie ist.

Rezepte für den Fastentag

Smoothie-Bowl mit Früchtemix

Für 1 Portion

45 g Feldsalat
25 ml Birnensaft
1 Spritzer Zitronensaft
10 g Ingwer
½ reife rotschalige Birne
40 g blaue Weintrauben (kernlos)
1 Banane
1 ½ EL Haferflocken
1 Spritzer Zitronensaft
2–3 geröstete Walnusskerne
1 TL Leinsamen

Zubereitung

Den Feldsalat verlesen, waschen und trocken schleudern. Feldsalat und Birnensaft mit dem Stabmixer pürieren.

Ingwer schälen. Die Birne waschen, halbieren und entkernen. 1 Birnenviertel schälen. Die Trauben waschen. Die Banane schälen und die Hälfte klein schneiden.

Geschälte Birne mit dem Ingwer und der Hälfte der Trauben, der klein geschnittenen Banane und 1 EL Haferflocken zu einem Smoothie pürieren. Mit Zitronensaft abschmecken und 5 Minuten quellen lassen.

Das übrige Birnenviertel quer in Scheiben schneiden. Die restliche Banane ebenfalls in Scheiben schneiden. Die übrigen Trauben halbieren.

Smoothie auf eine Schale verteilen. Walnüsse, Birne, Banane, Traube, restliche Haferflocken und Leinsamen abwechselnd in schmalen Streifen auf dem Smoothie anrichten.

Pro Portion ca. 248 kcal,
6 g EW, 7 g F, 35 g KH, 8 g BST
Zubereitungszeit ca. 20 Minuten

Für 1 Glas (ca. 200 ml)

100 g Salatgurke

¼ Avocado

25 g Rucola

1 Stiel Minze

1 Spritzer Limettensaft

40 ml frisch gepresster Grapefruitsaft

25 ml Kokosmilch

Grüner Kokos-Smoothie

Zubereitung

Gurke waschen und in grobe Stücke schneiden. Avocadofruchtfleisch mit einem Löffel aus der Schale lösen und grob zerkleinern. Rucola und Minze waschen und trocken schütteln. Grobe Stiele vom Rucola entfernen, die Minzeblätter abzupfen.

Alle vorbereiteten Zutaten mit Limettensaft, Grapefruitsaft, Kokosmilch und 25 ml Wasser in einen hohen Rührbecher geben und cremig mixen. Den Smoothie in ein Glas gießen und sofort genießen. Nach Belieben Eiswürfel dazugeben.

Pro Glas ca. 154 kcal,
2 g EW, 11 g F, 9 g KH, 3 g BST
Zubereitungszeit ca. 5 Minuten

Für 1 Glas
(ca. 200 ml)

25 g tiefgekühlte Himbeeren

100 g Cantaloupe-Melonenfruchtfleisch

1 Stiel Minze

50 g Naturjoghurt

Himbeer-Melonen-Smoothie

Zubereitung

Die Himbeeren in einem hohen Rührbecher oder dem Küchemixer etwa 5 Minuten antauen lassen. Inzwischen das Melonenfruchtfleisch in grobe Stücke schneiden. Die Minze waschen, trocken tupfen und die Blätter abzupfen. Joghurt, Melone und Minze – bis auf zwei Blätter zum Garnieren – zu den Himbeeren geben und alles zu einem Smoothie mixen. Je nach gewünschter Konsistenz noch etwas Wasser untermixen. Smoothie in ein Glas gießen und mit Minze garniert genießen.

Pro Glas 112 kcal,
4 g EW, 2 g F, 18 g KH, 2 g BST
Zubereitungszeit ca. 10 Minuten

Für 1 Glas (ca. 250 ml)

1 Ringelbete
(Tonda di Chiogga, ca. 90 g)

½ Kohlrabi
(mit Blättern, ca. 120 g)

1 kleiner Apfel (ca. 90 g)

1 EL Zitronensaft

1 EL getrocknete
Sauerkirschen

Ringelbete-Smoothie

Zubereitung

Ringelbete und Kohlrabi schälen und in grobe Stücke schneiden. Den Apfel waschen, vierteln, entkernen und ebenfalls in grobe Stücke schneiden. Die vorbereiteten Zutaten sofort mit Zitronensaft, Sauerkirschen und 200 ml kaltem Wasser im Mixer fein pürieren. Smoothie in ein Glas füllen und sofort genießen oder zum Mitnehmen in eine Flasche füllen.

Pro Portion ca. 170 kcal,
4 g EW, 0 g F, 32 g KH, 6 g BST
Zubereitungszeit ca. 5 Minuten

Für 1 Portion

20 g Buchweizen

1 EL Leinsamen

20 g feine Haferflocken

1–2 Msp. Zimtpulver

75 g Naturjoghurt (3,5 %)

½ Apfel

100 g Beeren (Sorten nach Saison und Belieben)

Bircher Müsli

Zubereitung

Am Vortag Buchweizen und Leinsamen im Küchenmixer oder Blitzhacker grob schroten. In einer Schüssel mit dem Hafer, dem Zimt und 60 ml kaltem Wasser mischen. Die Mischung zugedeckt im Kühlschrank etwa 12 Stunden quellen lassen.

Am nächsten Tag die Müslimischung mit dem Joghurt verrühren. Den Apfel waschen, das Fruchtfleisch auf der Gemüsereibe um das Kerngehäuse herum grob auf das Müsli raspeln. Die Beeren je nach Sorte waschen, verlesen bzw. putzen, trocken tupfen und auf dem Müsli verteilen.

Pro Portion ca. 290 kcal,
11 g EW, 9 g F, 41 g KH, 10 g BST
Zubereitungszeit ca. 10 Minuten
(+ 12 Stunden quellen)

Saaten-Nuss-Brot

Für 1 Brot
(Kastenform mit ca. 25 cm Länge, 16 Scheiben)

3 EL natives Kokosöl

1 EL Ahornsirup

1 Tasse Sonnenblumenkerne (140 g)

½ Tasse Leinsamen (100 g; ganz oder geschrotet)

½ Tasse gehackte Mandeln oder Walnusskerne (100 g)

1 Tasse Haferkleie (95 g)

2 EL Chiasamen

6 EL Flohsamenschalen

1 TL feinkörniges Meersalz

Zubereitung

Am Vortag die Form mit Backpapier auslegen. Das Kokosöl in einer Metallschüssel über dem heißen Wasserbad unter Rühren schmelzen, Ahornsirup hinzufügen, vom Wasserbad nehmen. Alle trockenen Zutaten in einer Rührschüssel mischen.

1 bis 1 ½ Tassen lauwarmes Wasser (400 bis 450 ml) und die Kokosölmischung dazugeben, und alles so lange verrühren, bis die trockenen Zutaten feucht sind. Falls der Teig zu fest ist, noch 1 bis 2 TL Wasser unterrühren. Den Brotteig in die Kastenform füllen und mindestens 2 Stunden, am besten über Nacht, bei Zimmertemperatur quellen lassen.

Am nächsten Tag den Backofen auf 175 °C vorheizen. Das Brot im Ofen auf der mittleren Schiene zunächst etwa 20 Minuten backen. Danach das Brot aus dem Ofen nehmen, aus der Kastenform lösen und mit der Oberseite nach unten direkt auf das Ofengitter legen. Das Brot im Ofen noch weitere 40 Minuten backen.

Das Brot ist fertig, wenn es beim Klopfen auf die Unterseite hohl klingt. Aus dem Ofen nehmen und vollständig auskühlen lassen. Luftdicht verpackt hält es 5 Tage. Es lässt sich gut in Scheiben einfrieren.

Pro Scheibe ca. 157 kcal,
7 g EW, 10 g F, 7 g KH, 5 g BST
Zubereitungszeit 10 Minuten (+ 2 Stunden (über Nacht) quellen + 1 Stunde backen)

Für 18 Scheiben

1 Tasse Leinsamen (135 g)

1 Tasse Goldleinsamen (200 g)

½ Tasse Flohsamenschalen (65 g)

½ Tasse geschälte Hanfsamen (65 g)

¼ Tasse Sonnenblumenkerne (35 g)

¼ Tasse Kürbiskerne (30 g)

1–2 TL Salz (nach Bedarf)

2–3 EL kalt gepresstes Öl (z. B. Olivenöl)

Knäckebrot

Zubereitung

Backofen auf 180 °C vorheizen. Trockene Zutaten mischen und Öl gut unterrühren. 1 Tasse Wasser dazugießen und weiterrühren, sodass alles gut einweichen kann. Falls die Masse zu fest ist, noch etwas Wasser hinzufügen. 10 Minuten quellen lassen. Nochmals verrühren und jeweils eine Hälfte auf einem mit Backpapier belegten Backblech flach ausstreichen. Knäckebrotplatten nacheinander im Ofen 25 bis 40 Minuten knusprig backen. Platten herausnehmen, sofort in je 9 Stücke schneiden und auf einem Kuchengitter abkühlen lassen. Luftdicht aufbewahrt, bleibt das Knäckebrot etwa 2 Wochen knusprig.

Pro Scheibe ca. 115 kcal,
7 g EW, 9 g F, 1 g KH, 9 g BST
Zubereitungszeit ca. 10 Minuten + 10 Minuten quellen + 2 x 25–40 Minuten backen

Für 2 Portionen

2 Möhren (ca. 100 g)
50 g gelbe Linsen
Salz
5 g Ingwer
Saft von ½ Orange
1–2 Msp. mildes Currypulver
ca. 1 EL Rapsöl
Pfeffer aus der Mühle

1x zubereiten
2x essen

Linsenaufstrich

Zubereitung

Die Möhren putzen, schälen und grob in Würfel schneiden. Mit den Linsen in einen Topf geben. 150 ml Salzwasser dazugießen und alles mit geschlossenem Deckel bei schwacher Hitze etwa 10 Minuten garen, bis die Möhren weich sind. Falls nötig, das restliche Wasser abgießen.

Ingwer schälen und fein hacken. Möhren-Linsen-Mischung mit Ingwer, Orangensaft, Currypulver und Öl in einem hohen Rührbecher fein pürieren. Aufstrich mit Salz und Pfeffer abschmecken und vor dem Servieren abkühlen lassen. Er hält sich luftdicht verschlossen und gekühlt 3 bis 4 Tage.

Pro Portion ca. 170 kcal,
8 g EW, 5 g F, 21 g KH, 3 g BST
Zubereitungszeit ca. 25 Minuten

Für 2 Portionen

500 g gemischtes Gemüse nach Wahl

½ Zwiebel

1 TL Ingwer

1–2 EL Öl

1–2 Kartoffeln (geschält und klein geschnitten; nach Belieben)

1 TL Kreuzkümmelpulver

1 TL Korianderpulver

1 TL gemahlene Kurkuma

1 Tasse Kokosmilch

Salz

Pfeffer aus der Mühle

1x zubereiten
2x essen

Gemüsesuppe

Zubereitung

Das Gemüse putzen, schälen bzw. waschen und klein schneiden. Zwiebel und Ingwer schälen und in feine Würfel schneiden. Das Öl in einem großen Topf erhitzen und darin Gemüse, Ingwer und Zwiebel andünsten. Nach Belieben die Kartoffeln für eine bessere Bindung hinzufügen. Gewürze dazugeben und kurz garen lassen. Kokosmilch und 3 Tassen Wasser hinzufügen und aufkochen. Suppe je nach verwendetem Gemüse bei schwacher Hitze 20 bis 30 Minuten köcheln lassen. Falls nötig, etwas Wasser dazugeben und Suppe mit Salz und Pfeffer abschmecken.

Pro Portion ca. 334 kcal,
6 g EW, 22 g F, 23 g KH, 10 g BST
Zubereitungszeit ca. 10 Minuten
(+ ca. 30 Minuten garen)

Für 2 Portionen

125 g mehligkochende Kartoffeln

1 Zwiebel

1–2 EL Rapsöl

225 g TK-Erbsen oder frische vorbereitete Erbsen

½ l Gemüsebrühe

½ TL getrockneter Majoran

Salz

Pfeffer aus der Mühle

½ EL Rohrohrzucker

1 EL gehackte Petersilie (nach Belieben)

1x zubereiten
2x essen

Erbsensuppe

Zubereitung

Kartoffeln schälen, waschen und in grobe Stücke schneiden. Zwiebel schälen und in Würfel schneiden. Das Rapsöl in einem Topf erhitzen, Zwiebel- und Kartoffelwürfel darin unter Rühren andünsten. Erbsen hinzufügen und die Brühe hinzugießen.

Die Zutaten zum Kochen bringen und zugedeckt bei mittlerer Hitze etwa 25 Minuten garen. Die Suppe anschließend nach Belieben pürieren. Erbsensuppe mit Majoran, Salz, Pfeffer und Zucker abschmecken. Nach Belieben mit Petersilie garnieren.

Pro Portion ca. 215 kcal,
7 g EW, 10 g F, 27 g KH, 8 g BST
Zubereitungszeit ca. 10 Minuten
(+ ca. 25 Minuten garen)

Süßkartoffel-Chili-Suppe

Für 2 Portionen

2–3 mittelgroße Süßkartoffeln (ca. 500)

1 rote Chilischote

10 g Ingwer

1 EL Rapsöl

1 TL Currypulver

1–2 TL gekörnte Gemüsebrühe

Salz

Pfeffer aus der Mühle

1 Spritzer Zitronensaft

Zubereitung

Die Süßkartoffeln schälen und in kleine Stücke schneiden. Die Chilischote längs halbieren, entkernen, waschen und in feine Würfel schneiden. Den Ingwer schälen und ebenfalls in feine Würfel schneiden.

Das Öl in einem Topf erhitzen und die Süßkartoffeln mit Chili, Ingwer und Currypulver darin bei mittlerer Hitze kurz anbraten.

4 Tassen Wasser und die gekörnte Brühe dazugeben und alles aufkochen. Die Suppe bei schwacher Hitze 15 bis 20 Minuten garen, bis die Süßkartoffeln weich sind.

Die Süßkartoffel-Chili-Suppe mit dem Stabmixer bis zur gewünschten Konsistenz pürieren. Mit Salz, Pfeffer und Zitronensaft abschmecken.

1x zubereiten
2x essen

Pro Portion ca. 334 kcal,
4 g EW, 6 g F, 62 g KH, 8 g BST
Zubereitungszeit ca. 20 Minuten

So lindern Sie Intervallfasten-Wehwehchen

Manchmal treten zu Beginn des Fastens leichte körperliche Beschwerden auf, denn der Körper muss sich erst auf die veränderten Essgewohnheiten einstellen. Die häufigsten Probleme – und die passende Lösung.

Kopfschmerzen

Bei manchen Menschen kann das Intervallfasten gerade zu Beginn zu Kopfschmerzen führen. Erst recht, wenn Fastende vergessen, ausreichend zu trinken. Denken Sie daher daran, mindestens 1,5 Liter pro Tag zu trinken. Außer Sie leiden an schweren Herz- oder Nierenproblemen, dann sollten Sie generell vor der Ernährungsumstellung mit Ihrer Ärztin oder Ihrem Arzt sprechen. Gute Flüssigkeitslieferanten sind Wasser, ungesüßte Kräuter- und Früchtetees und auch hin und wieder eine Tasse mit Brühe. So gibt der Brummschädel in der Regel schnell Ruhe. Bei anhaltenden Schmerzen bitte eine ärztliche Praxis aufsuchen.

Hunger

Sie haben erst vor wenigen Stunden gegessen und trotzdem knurrt Ihnen schon wieder heftig der Magen? Dafür gibt es üblicherweise zwei Gründe:

1. Sie nehmen in den Essensphasen zu wenig Nahrung zu sich.
2. Sie essen zu wenig Protein und Gemüse, wahrscheinlich aber zu viele Kohlenhydrate.

Die Lösung: Um die Pausen gut zu überbrücken, sollten Sie sich beim Intervallfasten satt essen. Dabei geht es nicht um Völlerei, sondern um ausgewogene, vollwertige Mahlzeiten. Bauen Sie dabei ausreichend Eiweißquellen ein (eine Liste finden Sie auf Seite 100), denn diese sättigen lange. Vermeiden Sie dagegen kurzkettige, also leicht verdauliche und stark verarbeitete Kohlenhydrate wie Produkte aus Weißmehl oder stark gezuckerte Lebensmittel. Sie führen zu einer Achterbahnfahrt des Blutzuckerspiegels und damit zu Heißhungerattacken. Orientieren Sie sich am besten immer am Tellerprinzip, das wir Ihnen auf Seite 17 vorgestellt haben.

Kalte Hände und Füße

Frieren zählt ebenfalls zu einer klassischen Fastenkrise. Das Kältegefühl tritt häufig durch den Energiemangel während der Esspausen auf. Dabei fährt der Körper den Stoffwechsel herunter, was Fastende oft vor allem in den Händen und Füßen spüren. Der Grund: Der Körper verlangsamt seinen Stoffwechsel, weil er Energie sparen will. Dadurch sinkt auch die Körpertemperatur. Dagegen helfen wärmende Tees mit Ingwer und Zimt sowie eine Wärmflasche.

Verdauungsprobleme
Verstopfungen sind während des Intervallfastens keine Seltenheit. Häufig lahmt der Darm, weil Fastende zu wenig Ballaststoffe zu sich nehmen, zum Beispiel in Form von Gemüse und Vollkornprodukten. Diese haben gleich zwei Vorteile: Sie sättigen und regen die Verdauung an. Wichtig, damit das klappt, ist ein ausreichendes Maß an zuckerfreien Getränken, die die Ballaststoffe im Magen aufquellen und später optimal durch den Darm passieren lassen.

Drei Warnsignale, dass Sie mit dem Intervallfasten aufhören sollten
Werden aus kleinen Zipperlein jedoch starke Beschwerden, sollten Sie sofort mit dem Intervallfasten aufhören. Dazu zählen:

1. Kreislaufprobleme
2. Übelkeit, Erbrechen, Durchfall
3. anhaltende Niedergeschlagenheit

Pfannengerührtes Gemüse

Für 1 Portion

- 50 g Hokkaido-Kürbisfruchtfleisch
- 60 g Aubergine
- 2 Frühlingszwiebeln
- 45 g Pak Choi
- 1 Knoblauchzehe
- 1 ½ EL Sonnenblumenöl
- 10 g geröstete, gesalzene Cashewkerne
- 1 Stiel Koriandergrün
- 1 Minzeblatt
- 1 großes Basilikumblatt
- 40 ml Gemüsebrühe
- 1 EL Sojasauce

Zubereitung

Kürbisfruchtfleisch in etwa 3 mm breite Scheiben und die Aubergine in etwa 2 cm breite Streifen schneiden. Frühlingszwiebeln putzen, waschen, längs halbieren und in etwa 6 cm lange Stücke schneiden. Pak Choi putzen, in einzelne Blätter teilen und waschen.

Knoblauch schälen und in sehr dünne Scheiben schneiden. 1 EL Öl in einer kleinen Pfanne erhitzen. Die Knoblauchscheiben darin goldgelb rösten und beiseitestellen.

Die Cashewkerne grob hacken. Kräuter waschen und trocken tupfen. Die Korianderblätter abzupfen. Die Minze- und Basilikumblätter grob hacken.

Restliches Sonnenblumenöl in einer zweiten Pfanne erhitzen. Kürbisscheiben, Auberginenstreifen und Frühlingszwiebelstücke darin bei starker Hitze unter Rühren kräftig anbraten. Die Brühe dazugießen und das Gemüse garen, bis es knackig-bissfest ist. Dabei gelegentlich umrühren und die Sojasauce dazugeben.

Zum Schluss die Pak-Choi-Blätter unterheben und kurz zusammenfallen lassen. Beiseitegestellte Knoblauchscheiben unterrühren. Das Gemüse mit Cashewkernen und Kräutern bestreuen.

Pro Portion ca. 264 kcal,
7 g EW, 20 g F, 11 g KH, 5 g BST
Zubereitungszeit ca. 20 Minuten

Für 1 Portion

½ kleiner Chinakohl

1 große Möhre

½ EL Kokosöl

1–2 Msp. Currypulver

½ Tasse Kokosmilch

Salz

Sojasauce (nach Belieben)

Pfeffer aus der Mühle

Chinakohl-Pfanne

Zubereitung

Den Chinakohl in die einzelnen Blätter teilen, waschen und in Streifen schneiden. Die Möhre putzen, schälen und längs in Streifen schneiden. Kokosöl in einer Pfanne erhitzen, und das Gemüse mit dem Curry darin andünsten.

Kokosmilch dazugeben und aufkochen. Zugedeckt und bei schwacher Hitze etwa 10 Minuten köcheln lassen, bis das Gemüse gar ist. Die Chinakohl-Pfanne mit 1 Prise Salz oder nach Belieben mit etwas Sojasauce und 1 kräftigen Prise Pfeffer abschmecken.

Pro Portion ca. 274 kcal,
4 g EW, 24 g F, 8 g KH, 5 g BST
Zubereitungszeit ca. 15 Minuten

Für 1 Portion

50 g Tofu (natur, in Scheiben)

½ EL Sojasauce

50 g Zuckerschoten

½ EL helle Sesamsamen

1 EL Rapsöl

1 kleine Knoblauchzehe

1 Frühlingszwiebel (in Ringen)

50 g Brokkoliröschen

50 g Blumenkohlröschen

50 g Möhre (in Scheiben)

25 g abgetropfte Bambuskeimlinge (aus dem Glas)

Buntes Tofugemüse

Zubereitung

Tofu mit Sojasauce beträufeln und zugedeckt etwa 30 Minuten marinieren. Zuckerschoten putzen, waschen und evtl. quer halbieren. Marinierten Tofu etwas trocken tupfen und mit Sesam bestreuen. In einer Pfanne im Öl auf beiden Seiten anbraten, herausnehmen und beiseitestellen.

Knoblauch schälen und durch die Presse zum Bratfett drücken. Gemüse und Bambuskeimlinge hinzufügen, salzen und pfeffern. Gemüse bei mittlerer Hitze zugedeckt unter Rühren etwa 15 Minuten garen. Evtl. etwas Wasser hinzugeben. Tofu dazugeben und nochmals kurz erwärmen.

Pro Portion ca. 271 kcal,
14 g EW, 16 g F, 13 g KH, 10 g BST
Zubereitungszeit ca. 20 Minuten
(+ 30 Minuten marinieren)

Rote-Bete-Carpaccio mit Ziegenfrischkäse

Für 1 Portion

150 g junge Rote Beten (mit Grün)

½ kleiner, säuerlicher Apfel (z.B. Elstar)

2–2 ½ EL Apfelsaft

½ EL Olivenöl

Salz

Pfeffer aus der Mühle

30 g Ziegenfrischkäse

20 g Buchweizen

Zubereitung

Von den Roten Beten die Blätter abschneiden, waschen, trocken schütteln und in sehr feine Streifen schneiden. Die Knollen schälen und auf dem Gemüsehobel in dünne Scheiben schneiden. Auf einem Teller überlappend auslegen.

Den Apfel waschen, halbieren, entkernen und in kleine Würfel schneiden. Die Hälfte der Apfelwürfel mit Apfelsaft, Olivenöl und etwas Salz mischen. Auf den Roten Beten verteilen. Alles mit Pfeffer würzen.

Die restlichen Apfelwürfel vorsichtig mit dem Ziegenfrischkäse vermischen, die Masse mit Salz und Pfeffer abschmecken.

Den Buchweizen in einer Pfanne anrösten, dann heiß auf dem Carpaccio verteilen. Ziegenkäsemischung mithilfe von zwei Teelöffeln zu Nocken abstechen und diese auf das Rote-Bete-Carpaccio setzen. Mit den Rote-Bete-Blättern bestreuen.

Tipp

Alternativ können Sie auch vorgegarte, vakuumierte Rote Bete nehmen und sie etwas dicker aufschneiden.

Pro Portion ca. 225 kcal,
7 g EW, 7 g F, 32 g KH, 7 g BST
Zubereitungszeit ca. 15 Minuten

Grüne Salatbowl mit Manouri

Für 1 Portion

100 g Brokkoliröschen
50 g Knackerbsen (oder Zuckerschoten)
Salz
2 Frühlingszwiebeln
25 g Babyspinat
½ EL Balsamico bianco
1 Spritzer Ahornsirup
1 Msp. mittelscharfer Senf
½ EL Olivenöl
Pfeffer aus der Mühle
½ EL helle Sesamsamen
½ EL getrocknete Cranberrys
15 g Manouri (Schafsmolkenkäse)

Zubereitung

Die Brokkoliröschen waschen. Die Knackerbsen (oder Zuckerschoten) putzen und waschen. Mit den Brokkoliröschen in kochendem Salzwasser 2 bis 3 Minuten blanchieren, eiskalt abschrecken und abtropfen lassen.

Frühlingszwiebeln putzen, waschen und in Ringe schneiden. Spinat verlesen, waschen und trocken schleudern.

Aus Essig, Ahornsirup, Senf, Olivenöl, Salz und Pfeffer ein Salatdressing mixen. Sesam in einer Pfanne ohne Fett anrösten. Cranberrys grob hacken.

Brokkoli, Knackerbsen (oder Zuckerschoten), Frühlingszwiebeln und Spinat mit dem Dressing mischen. In einer Schale anrichten, mit Sesam und Cranberrys bestreuen, und den zerbröckelten Manouri darauf verteilen.

Pro Portion ca. 204 kcal,
8 g EW, 14 g F, 11 g KH, 6 g BST
Zubereitungszeit ca. 20 Minuten

Austernpilze auf Rucola

Für 1 Portion

40 g Rucolasalat

1 großes Radicchioblatt

1 Frühlingszwiebel

10 g Pinienkerne

125 g Austernpilze

½ Knoblauchzehe

1 EL Olivenöl

Salz, Pfeffer aus Mühle

½ EL dunkle Crema di Balsamico

½ TL Preiselbeeren (aus dem Glas)

1 Msp. mittelscharfer Senf

Zubereitung

Den Rucola verlesen, waschen und trocken schleudern, grobe Stiele entfernen. Radicchio waschen, trocken tupfen und in mundgerechte Stücke zupfen. Frühlingszwiebel putzen, waschen und in feine Ringe schneiden. Alles auf einem Teller anrichten.

Pinienkerne in einer Pfanne ohne Fett anrösten. Austernpilze putzen, trocken abreiben und je nach Größe eventuell halbieren.

Knoblauch schälen, in feine Würfel schneiden und in einer Pfanne in 1 TL Olivenöl andünsten. Die Pilze hinzufügen und auf beiden Seiten 3 bis 5 Minuten braten. Mit Salz und Pfeffer würzen.

Pilze auf dem Salat anrichten und Pinienkerne darüberstreuen. Aus dem restlichen Olivenöl, Crema di Balsamico, Preiselbeeren, Salz, Pfeffer, Senf und ½ bis 1 EL Wasser ein Dressing mixen und über den Salat träufeln.

Pro Portion ca. 232 kcal,
9 g EW, 16 g F, 10 g KH, 10 g BST
Zubereitungszeit ca. 25 Minuten

Für 1 Portion

50 g Kohlrabi
50 g Möhre
50 g Apfel
½ EL Zitronensaft
Salz, Pfeffer aus der Mühle
einige Halme Schnittlauch
15 g Walnusskerne
½ EL Weißweinessig
½ EL Apfelsaft
1 Msp. süßer Senf
mildes Currypulver

Rohkost mit Walnusscreme

Zubereitung

Kohlrabi und Möhre schälen, Apfel waschen, entkernen und mit Kohlrabi und Möhre in kleine Würfel schneiden. Mit Zitronensaft vermischen und mit Salz und Pfeffer würzen. Schnittlauch waschen, trocken schütteln und in Röllchen schneiden.

Die Hälfte mit Walnüssen, Essig, Apfelsaft, süßem Senf und Currypulver im Mixer zu einer Creme pürieren. Mit Salz und Pfeffer würzen. Die Rohkost mit der Walnusscreme und den restlichen Schnittlauchröllchen anrichten.

Pro Portion ca. 154 kcal,
4 g EW, 10 g F, 12 g KH, 5 g BST
Zubereitungszeit ca. 20 Minuten

Für 2 Portionen

1 vorwiegend festkochende Kartoffel (100 g; gegart)

Salz

4 getrocknete Tomaten (in Öl)

1 Handvoll Rucola (geputzt und gewaschen)

50 g Ricotta

Pfeffer aus der Mühle

1 Stück (Vollkorn-)Baguette (ca. 50 g)

1x zubereiten
2x essen

Kartoffel-Tomaten-Brot

Zubereitung

Kartoffel pellen und fein zerdrücken. Tomaten über der Kartoffel abtropfen lassen, in kleine Würfel schneiden und unterrühren. Die Hälfte des Rucolas in feine Streifen schneiden und mit Ricotta unter die Kartoffelmischung heben.

Salzen, pfeffern und evtl. noch etwas Tomatenöl unterrühren. Das Baguettestück quer halbieren, nach Belieben toasten, mit der Hälfte des Kartoffel-Tomaten-Aufstrichs bestreichen und mit restlichem Rucola garniert servieren. Übrigen Aufstrich kühl für den nächsten Tag aufbewahren.

Pro Portion ca. 255 kcal,
8 g EW, 5 g F, 29 g KH, 3 g BST
Zubereitungszeit ca. 10 Minuten

Für 1 Portion

½ kleine reife Avocado (ca. 100 g Fruchtfleisch)

1 EL natives Olivenöl

Salz

Pfeffer aus der Mühle

1 Spritzer Limettensaft

150 g Gemüse (z. B. Staudensellerie, Möhre, rote Paprikaschote)

Guacamole mit Gemüse

Zubereitung

Avocado entsteinen, Fruchtfleisch aus der Schale lösen und in einen hohen Rührbecher geben. Olivenöl dazugeben und beides mit dem Stabmixer cremig pürieren. Die Guacamole mit Salz, Pfeffer und Limettensaft abschmecken. Das Gemüse je nach Sorte putzen und schälen bzw. waschen, jeweils in mundgerechte Sticks schneiden. Die Guacamole mit den Gemüse-Sticks zum Dippen anrichten.

Pro Portion ca. 250 kcal,
3 g EW, 23 g F, 9 g KH, 8 g BST
Zubereitungszeit ca. 10 Minuten

Für 1 Portion

¼ Salatgurke (ca. 100 g)

15 g ungesüßtes Nussmus (z. B. Haselnuss- oder Mandelmus)

50 g Crème fraîche

Salz

Chilipulver (nach Belieben)

2 Halme Schnittlauch

Gurken-Taler mit Nusscreme

Zubereitung

Die Salatgurke putzen, waschen und in etwa ½ bis 1 cm dicke Scheiben schneiden. Die Scheiben nebeneinander auf einer Platte verteilen. Das Nussmus mit der Crème fraîche glatt rühren, mit Salz und nach Belieben mit Chilipulver abschmecken. Die Nusscreme als Kleckse auf die Gurkentaler verteilen. Den Schnittlauch waschen, trocken schütteln und in feine Röllchen schneiden. Die Gurkentaler damit bestreuen.

Pro Portion ca. 245 kcal,
6 g EW, 23 g F, 5 g KH, 3 g BST
Zubereitungszeit ca. 10 Minuten

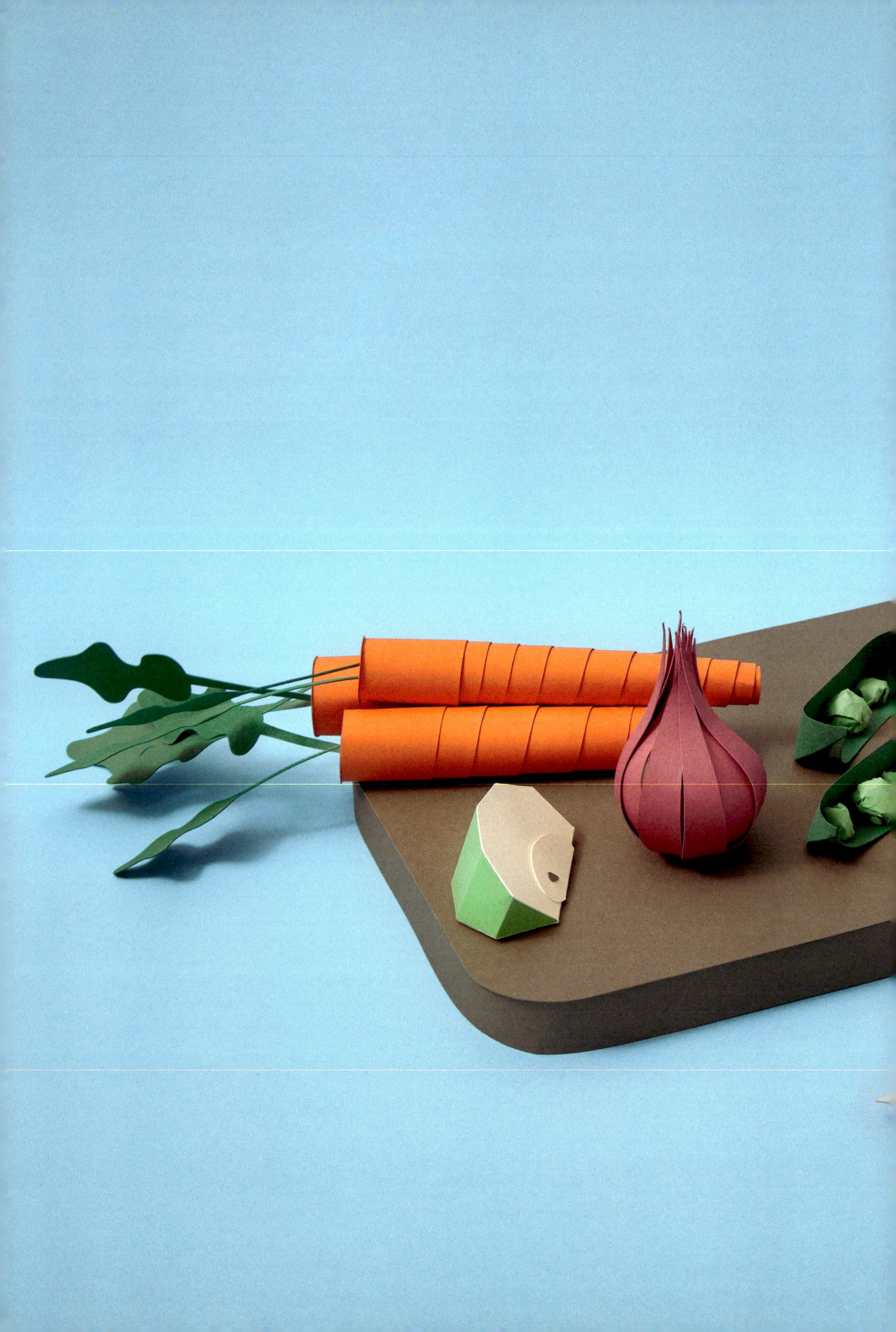

Gesunde Rezepte durchs Jahr

Frühstück

Erdbeer-Hüttenkäse mit Pumpernickel

Für 2 Portionen

250 g Erdbeeren

1–2 Stiele Minze

1 EL Limettensaft

75 g Pumpernickel (in Scheiben)

1 EL Haselnusskerne

1 EL blanchierte Mandeln

1 EL flüssiger Honig

1 TL Butter

400 g körniger Frischkäse (Hüttenkäse)

Zubereitung

Die Erdbeeren putzen, waschen und je nach Größe halbieren oder vierteln. Die Minze waschen, trocken tupfen, die Blätter abzupfen und einige zum Garnieren beiseitelegen. Den Rest in feine Streifen schneiden, mit dem Limettensaft unter die Beeren mischen und etwa 10 Minuten ziehen lassen.

Inzwischen das Pumpernickel in etwa 1 cm große Würfel schneiden. Haselnüsse und Mandeln grob hacken. Pumpernickel, Nüsse und Mandeln in einer Pfanne ohne Fett bei mittlerer Hitze etwa 5 Minuten hell rösten. Danach den Honig und die Butter dazugeben, und alles unter Rühren leicht karamellisieren. Die Pfanne vom Herd ziehen.

Zum Servieren den Hüttenkäse auf Schalen verteilen und die marinierten Erdbeeren daraufsetzen. Mit dem lauwarmen Pumpernickel-Mix bestreuen und mit den Minzblättern garnieren.

Pro Portion ca. 408 kcal,
31 g EW, 17 g F, 29 g KH, 7 g BST
Zubereitungszeit ca. 20 Minuten

Für 2 Gläser (je ca. 250 ml)

- 2 Bananen
- 2 EL Mandelmus
- 4 EL zarte Haferflocken
- 200 ml Milch

Bananen-Mandel-Smoothie

Zubereitung

Bananen schälen, in Stücke schneiden und mit dem Mandelmus, den Haferflocken und der Milch in einem hohen Rührbecher mit dem Stabmixer oder in einem Küchenmixer fein pürieren. Den Smoothie in zwei Gläser gießen und sofort servieren.

Pro Portion ca. 375 kcal,
11 g EW, 14 g F, 46 g KH, 5 g BST
Zubereitungszeit ca. 5 Minuten

Für 10 Portionen

300 g kernige Haferflocken
8 EL Walnusskerne
4 EL Leinsamen
8 EL getrocknete Aprikosen
12 EL Rosinen
2 EL Zimtpulver

Haferflocken-Aprikosen-Müsli

Zubereitung

Haferflocken in einer Pfanne ohne Fett kurz rösten. Walnüsse grob hacken. Leinsamen im Blitzhacker grob schroten. Die Aprikosen klein schneiden. Sämtliche Zutaten mit den Rosinen vermengen und mit Zimt würzen. Für den Vorrat die Mischung in ein Glas füllen, fest verschließen, dunkel und kühl aufbewahren. 1 Portion Müsli nach Belieben mit Milch oder Joghurt verrühren.

Pro Portion (80 g) ca. 300 kcal,
8 g EW, 11 g F, 41 g KH, 6 g BST
Zubereitungszeit ca. 15 Minuten

Protein-Pancakes

Für 2 Portionen

1 reife Banane

250 g Magerquark

1 Ei

3 EL Mandelmehl (entölt)

1 EL Dinkelmehl

1–2 EL Kokosöl

250 g gemischte frische Beeren

Zubereitung

Die Banane schälen und mit einer Gabel in einer Schüssel zerdrücken. 25 g Quark, das Ei, das Mandel- und Dinkelmehl dazugeben und alles mit einer Gabel glatt rühren. Den Teig etwa 5 Minuten quellen lassen.

Kokosöl in einer Pfanne erhitzen. Aus dem Teig 6 Pancakes backen. Dafür pro Pancake 1 EL Teig in die Pfanne geben und etwas flach streichen. Sobald sich Bläschen auf der Oberfläche bilden, Pancake vorsichtig wenden und weitere 2 bis 3 Minuten backen.

Pancakes auf Küchenpapier abtropfen lassen. Mit dem übrigen Quark und den Beeren auf Tellern anrichten.

Pro Portion ca. 370 kcal,
31 g EW, 11 g F, 33 g KH, 9 g BST
Zubereitungszeit ca. 15 Minuten

Lebkuchen-Birnen-Porridge

Für 2 Portionen

80 g zarte Haferflocken

Salz

1 TL Lebkuchengewürz

300 ml Mandel- oder Haselnussdrink

2 EL Mandeln

3 TL Honig (nach Belieben)

2 Birnen

Zubereitung

Haferflocken, 1 Prise Salz, Lebkuchengewürz und Mandel- oder Haselnussdrink in einem Topf aufkochen und bei schwacher Hitze unter Rühren etwa 10 Minuten quellen lassen.

Inzwischen die Mandeln grob hacken und in einer Pfanne ohne Fett bei mittlerer Hitze unter Rühren anrösten, bis sie anfangen zu duften. Nach Belieben 1 TL Honig dazugeben und karamellisieren. Die Mandeln auf einem Teller abkühlen lassen.

Die Birnen waschen, vierteln, entkernen und in 1 cm große Würfel schneiden. Das Porridge nach Belieben mit dem restlichen Honig süßen, auf zwei Schalen verteilen und die Birnenwürfel darauf anrichten. Porridge mit den Mandeln bestreuen.

Pro Portion ca. 325 kcal,
10 g EW, 13 g F, 40 g KH, 9 g BST
Zubereitungszeit ca. 15 Minuten

Avocado-Eier-Salat auf Brot

Für 2 Portionen

2 Eier

½ kleine reife Avocado

25 g Naturjoghurt

½ TL mittelscharfer Senf

1 TL Zitronensaft

Salz

Pfeffer aus der Mühle

½ Bund Schnittlauch

2 dünne Scheiben Vollkornbrot (je 30 g)

Zubereitung

Die Eier 10 Minuten hart kochen. Abschrecken, pellen, halbieren und die Eigelbe herauslösen. Eiweiße in kleine Würfel schneiden.

Das Avocadofruchtfleisch aus der Schale lösen und in ein Schälchen geben. Die Eigelbe dazugeben und beides mit einer Gabel zerdrücken. Joghurt, Senf und Zitronensaft untermischen. Mit Salz und Pfeffer abschmecken.

Schnittlauch waschen, trocken schütteln und in Röllchen schneiden. Eiweiße und Schnittlauch unter die Avocadomischung heben. Avocado-Eier-Salat auf den Broten verteilen.

Tipp

Der Salat hält sich zugedeckt im Kühlschrank mindestens 3 Tage. Es lohnt sich also, gleich die doppelte Menge zu machen.

Pro Portion ca. 350 kcal,
21 g EW, 22 g F, 17 g KH, 5 g BST
Zubereitungszeit ca. 10 Minuten
(+ 10 Minuten garen)

Kleine Hauptgerichte

Fenchelsalat mit pochiertem Ei

Für 2 Portionen

2 kleine Fenchelknollen (je ca. 175 g)

3 Stiele Basilikum

75 g gemischte junge Salatblätter (z. B. junger Spinat, Mangold, Rucola)

1 EL Zitronensaft

3 EL kalt gepresstes Olivenöl

2 gehäufte EL Crème fraîche (je ca. 20 g)

Salz

Pfeffer aus der Mühle

2 EL Weißweinessig

2 Eier (Größe S)

100 g Walnusskerne

Zubereitung

Den Fenchel putzen, waschen, halbieren und den harten Strunk entfernen. Die Fenchelhälften auf der Gemüsereibe in dünne Scheiben hobeln. Das Basilikum waschen, trocken schütteln und die Blätter abzupfen. Den Salat verlesen, waschen und trocken schütteln, dabei grobe Stiele entfernen.

Für das Dressing den Zitronensaft mit Olivenöl und Crème fraîche verquirlen, mit Salz und Pfeffer abschmecken. Fenchel, Basilikum und Salat mit dem Dressing mischen.

Für die Eier 1 l Wasser mit dem Essig und 1 EL Salz aufkochen. Die Eier nacheinander in eine Tasse aufschlagen, in ein feines Küchensieb geben, ins Wasser halten und vorsichtig aus dem Sieb ins Wasser gleiten lassen.
Die Eier darin bei mittlerer Hitze etwa 5 Minuten pochieren. Die Walnüsse in einer Pfanne ohne Fett hell rösten, herausnehmen und abkühlen lassen, danach grob hacken.

Zum Servieren den Fenchelsalat auf Teller verteilen, die Nüsse darüberstreuen. Die Eier mit dem Schaumlöffel vorsichtig aus dem Wasser heben, auf Küchenpapier abtropfen lassen und auf dem Salat anrichten.

Wem die Zubereitung der pochierten Eier zu aufwendig ist, der kann weich gekochte Eier zu dem Salat servieren. Gut passen auch 30 g Erdbeeren oder Orangenfilets.

Pro Portion ca. 660 kcal,
18 g EW, 60 g F, 13 g KH, 7 g BST
Zubereitungszeit ca. 20 Minuten

Avocado-Carpaccio mit Frischkäse

Für 2 Portionen

2 reife Avocados
3 Tomaten
2 EL kalt gepresstes Olivenöl
2–3 TL Zitronensaft
Salz
Pfeffer aus der Mühle
4 Stiele Basilikum
150 g fettarmer Frischkäse
30 g Pinienkerne

Zubereitung

Die Avocados halbieren und den Stein entfernen. Das Fruchtfleisch aus der Schale lösen, in schmale Spalten schneiden und auf Teller verteilen.

Die Tomaten waschen und in kleine Würfel schneiden, dabei Stielansätze und Kerne entfernen. Die Tomatenwürfel mit Olivenöl und Zitronensaft mischen, alles mit Salz und Pfeffer abschmecken und auf dem Avocado-Carpaccio verteilen.

Das Basilikum waschen und trocken schütteln, die Blätter abzupfen und fein hacken. Das Basilikum unter den Frischkäse mischen. Die Pinienkerne in einer Pfanne ohne Fett hell rösten, herausnehmen und etwas abkühlen lassen.

Zum Servieren aus dem Frischkäse mithilfe von zwei angefeuchteten Teelöffeln kleine Nocken abstechen und auf das Avocado-Carpaccio setzen. Alles mit Pinienkernen bestreuen. Das Carpaccio nach Belieben mit Basilikum garnieren.

Pro Portion ca. 572 kcal,
15 g EW, 48 g F, 12 g KH, 9 g BST
Zubereitungszeit ca. 20 Minuten

Kartoffel-Wirsing-Curry

Für 2 Portionen

300 g vorwiegend festkochende Kartoffeln

300 g Wirsing

1 Zwiebel

4 cm Kurkumawurzel

2 cm Ingwer

3 Kardamomkapseln

½ TL Bockshornkleesamen

½ TL Kreuzkümmelsamen

2 EL Rapsöl

½ TL Zimtpulver

1 Dose stückige Tomaten (400 g)

250 ml Gemüsebrühe

4 Stiele Koriandergrün

150 g Naturjoghurt

Salz

Pfeffer aus der Mühle

Zubereitung

Kartoffeln schälen, waschen und in 1 cm große Würfel schneiden. Wirsing putzen, waschen und die Blätter quer in 1 cm breite Streifen schneiden. Zwiebel, Kurkuma und Ingwer schälen und in feine Würfel schneiden. Kardamom, Bockshornklee und Kreuzkümmel im Mörser andrücken.

Das Öl in einem Topf erhitzen und Zwiebel, Kurkuma, Ingwer und alle Gewürze darin 1 Minute anrösten. Die Kartoffeln dazugeben und 3 Minuten mitbraten. Dann den Wirsing hinzufügen und 2 Minuten mitbraten.

Die stückigen Tomaten und die Brühe dazugeben, das Curry aufkochen und zugedeckt bei schwacher bis mittlerer Hitze 20 Minuten köcheln lassen, bis Kartoffeln und Wirsing weich sind.

Inzwischen das Koriandergrün waschen und trocken schütteln, die Blätter abzupfen und fein hacken.

100 g Joghurt unter das Curry rühren und dieses mit Salz und Pfeffer abschmecken. Die Kardamomkapseln herausfischen, das Curry auf zwei Schalen verteilen, mit dem restlichen Joghurt toppen und mit Koriander bestreut servieren.

Pro Portion ca. 300 kcal,
14 g EW, 13 g F, 40 g KH, 7 g BST
Zubereitungszeit ca. 25 Minuten
(+ ca. 20 Minuten garen)

Kräuter-Sommerrollen

Für 2 Portionen

Für den Dip:

1 kleine Knoblauchzehe

½ Chilischote

20 g Rohrohrzucker

2 EL Limettensaft

2 EL Reisessig

Für die Sommerrollen:

¼ Salatgurke

½ Bund Koriander

½ Bund Minze

6 Romanasalatblätter

125 g Tofu

50 g Erdnusskerne

10 g Reisnudeln

6 Blätter Reispapier

Zubereitung

Für den Dip den Knoblauch schälen. Die Chilischote entkernen und waschen. Beides in feine Würfel schneiden. 100 ml Wasser, Zucker und Limettensaft in einer Schüssel gut verrühren, bis sich der Zucker aufgelöst hat. Danach den Essig, Knoblauch und Chili dazugeben und nochmal umrühren.

Für die Sommerrollen die Gurke waschen, ggf. schälen und in feine Streifen (Julienne) schneiden. Die Kräuter waschen, trocken schütteln und samt Stängeln halbieren oder dritteln (je nach Länge der Sommerrollen). Die Salatblätter waschen und trocken tupfen.

Den Tofu ebenfalls in passend lange Scheiben schneiden. Die Erdnüsse kurz in einer Pfanne ohne Fett rösten und klein hacken. Die Reisnudeln kurz in kochendes Wasser legen, bis sie gar sind.

Eine Schüssel mit warmem Wasser vorbereiten und die Reispapierblätter vor dem Befüllen einzeln kurz im Wasser quellen lassen.

Die Reispapierblätter nacheinander auf ein Brett legen und mit den Zutaten mittig belegen: Salatblatt, Gurkenstreifen, Koriander, Minze, Tofu, Reisnudeln und Erdnüsse. Die seitlichen Ränder des Reispapiers über dem Gemüse einschlagen und das Reispapier dann von unten nach oben vorsichtig aufrollen. Die Sommerrollen mit dem Dip servieren.

Pro Portion ca. 460 kcal,
20 g EW, 16 g F, 55 g KH, 5 g BST
Zubereitungszeit ca. 25 Minuten

Low-Carb-Tacos

Für 2 Portionen

Für das Hackfleisch:

1 Zwiebel

1 Knoblauchzehe

1 Stück Ingwer (ca. 2 cm)

½ Bio-Zitrone

1 EL Öl

125 g gemischtes Hackfleisch (Rind und Schwein)

Salz, Pfeffer aus der Mühle

½ EL Tomatenmark

1 TL Sambal Oelek

ca. 1 ½ EL Sojasauce

½ TL Honig

Zimtpulver

Kardamompulver

50 ml Gemüsebrühe

Außerdem:

2 Salatherzen

½ Bund Schnittlauch

25 g Salatmayonnaise

½ TL Srirachasauce (scharfe Chiliauce)

1 EL Sushi-Essig

Zubereitung

Für das Hackfleisch Zwiebel, Knoblauch und Ingwer schälen und in feine Würfel schneiden. Die Zitrone heiß waschen, trocken reiben und die Schale fein abreiben.

Das Öl in einer Pfanne erhitzen und die Zwiebel darin andünsten. Knoblauch und Ingwer hinzufügen und 2 bis 3 Minuten braten. Hackfleisch hinzufügen und bei starker Hitze mitbraten. Mit Salz und Pfeffer würzen und weiterbraten, bis das Wasser verdampft ist.

Das Tomatenmark dazugeben und etwa 2 Minuten mitrösten. Sambal Oelek, Sojasauce, Honig, 1 Prise Zimt, 1 Prise Kardamom, Zitronenschale sowie Brühe hinzufügen und das Hackfleisch köcheln, bis die Flüssigkeit verdampft ist.

Die Salatherzen putzen, waschen und trocken schütteln. Den Strunk jeweils keilförmig herausschneiden und den Salat in Tassen stellen. Den Schnittlauch waschen, trocken schütteln und in feine Röllchen schneiden.

Die Mayonnaise mit der Srirachasauce und dem Essig in einem Schälchen verrühren. Das Hackfleisch in der Pfanne mit dem Schnittlauch bestreuen und mit dem Salat und der Mayo servieren. Bei Tisch nimmt man sich jeweils ein Salatblatt, gibt etwas Hack darauf und krönt den „Taco“ mit Chili-Mayo.

Pro Portion ca. 326 kcal,
15 g EW, 26 g F, 7 g KH, 2 g BST
Zubereitungszeit ca. 25 Minuten

Proteine, Kohlenhydrate und Fette – die besten Quellen

Hier zeigen wir Ihnen die besten Lieferanten für die drei Makronährstoffe, die unser Körper täglich braucht.

Proteine

Proteine finden sich in tierischen und pflanzlichen Lebensmitteln. Die Deutsche Gesellschaft für Ernährung (DGE) rät zu einer Kombination aus beiden Quellen. Dies erhöht die biologische Wertigkeit, also die Möglichkeit des Körpers, Eiweiß besser aufzunehmen und zu verarbeiten.

Die Top Ten der tierischen Proteinquellen (Protein in g/pro 100 g)

Parmesan (35,6 g)
Serranoschinken (32 g)
Harzer Käse (29 g)
Rindfleisch, mager (22 g)
Forelle, geräuchert (22 g)
Thunfisch, im eigenen Saft (25 g)
Zander, gebraten (20 g)
Seelachs (17 g)
Feta (Schafskäse), 45 % (17 g)
Eigelb (16,9 g)
Frischkäse, körnig, 0,4 % Fett (13,2 g)

Die Top Ten der pflanzlichen Proteinquellen (Protein in g/pro 100 g)

Sojaflocken (41g)
Kürbiskerne (35,5 g)
Mandeln (29,1 g)
Seitan (28 g)
Erdnüsse (26 g)
Hanfsamen (21 g)
Chiasamen (20,5 g)
Tempeh (19 g)
Walnüsse (17 g)
Tofu (14 g)
Haferflocken (13,5 g)

Kohlenhydrate

Dieser Makronährstoff ist wie Treibstoff für unseren Körper und liefert schnell Energie. In unserer heutigen Ernährung essen wir ihn zu oft in Zuckerform, sei es als Haushalts- oder Fruchtzucker. Beide machen in größeren Mengen dick und krank. Kohlenhydrate deshalb besser in komplexer Form verspeisen, etwa als Gemüse oder Vollkornprodukte.

1. Roggenknäckebrot (71 g)
2. Quinoa (62 g)
3. Haferflocken (58,7 g)
4. Vollkornbrot (35 g)
5. Vollkornnudeln, gekocht (26,5 g)
6. Wildreis, gekocht (26 g)
7. Süßkartoffeln, gegart (24,1 g)
8. Weizenkleie (18 g)
9. Kichererbsen (15 g)
10. Apfel (14,4 g)

Fett

Lange hatte Fett mit einem schlechten Ruf zu kämpfen. Zu Unrecht, denn es zählt zu den drei Baustoffen aus der Nahrung, die unser Organismus benötigt. Aber: Es kommt auf die Qualität an. Gute Lieferanten für die gesunden ungesättigten Fettsäuren sind pflanzliche Lebensmittel und Öle. Meiden sollten Sie große Mengen an gesättigten, tierischen Fetten.

1. Sonnenblumenöl (100 g)
2. Rapsöl (92 g)
3. Olivenöl (91 g)
4. Walnüsse (69 g)
5. Leinsamen (42,9 g)
6. Gouda, 45 % Fett. i. Tr. (30,8 g)
7. Avocado (13 g)
8. Ei (9,3 g)
9. Sojabohnen (5,9 g)
10. Speisequark, 20 % (5,1 g)

Mais-Hirse-Puffer

Für 15 Stück

50 g Hirse
Salz
1 Zwiebel
1 kleine Zucchini (ca. 150 g)
100 g Mais (aus dem Glas)
½ Bund Petersilie
100 g Gouda (am Stück)
1 EL Rapsöl
50 g Crème fraîche
4 Eier (Größe M)
Pfeffer aus der Mühle
Rapsöl zum Ausbacken

Zubereitung

Die Hirse in einem Sieb unter fließendem heißen Wasser abbrausen und abtropfen lassen. In einem Topf mit 120 ml Salzwasser aufkochen, dann mit geschlossenem Deckel bei schwacher Hitze 7 bis 10 Minuten köcheln lassen. Vom Herd nehmen und noch etwa 5 Minuten quellen lassen.

Inzwischen die Zwiebel schälen und in feine Würfel schneiden. Die Zucchini putzen und waschen, auf der Gemüsereibe fein raspeln und die Raspel in einem Sieb gut ausdrücken. Den Mais in ein Sieb abgießen, kalt abbrausen und gut abtropfen lassen. Die Petersilie waschen, trocken schütteln, die Blätter abzupfen und fein hacken. Den Gouda fein reiben.

Das Öl in einer Pfanne erhitzen und die Zwiebel darin glasig dünsten, dann vom Herd nehmen und kurz abkühlen lassen. Die Crème fraîche und die Eier in einer Schüssel verrühren, mit Salz und Pfeffer würzen. Hirse, Zucchini, Mais, Petersilie, Käse und Zwiebel unterrühren.

Zum Ausbacken etwas Öl in der Pfanne erhitzen. Aus der Hirsemasse mit einem Esslöffel dreimal 5 Portionen abstechen und in die Pfanne geben. Jeden Bratling etwas flach drücken und auf jeder Seite 3 bis 4 Minuten goldbraun braten. Die Bratlinge herausnehmen und auf Küchenpapier abtropfen lassen. Noch warm oder abgekühlt servieren. Dazu passt ein Schnittlauchdip (siehe Tipp).

Tipp

Für den Schnittlauchdip 150 g saure Sahne mit ½ TL Dijon-Senf, Salz und Pfeffer glatt rühren. 2 EL Schnittlauchröllchen untermischen.

Pro Stück ca. 80 kcal,
4 g EW, 5 g F, 4 g KH, 1 g BST
Zubereitungszeit ca. 45 Minuten

Für 2 Portionen

1 gelbe Paprikaschote

1 Handvoll Rucola

2 Vollkorn-Tortillafladen (ca. 20 cm Durchmesser)

80 g Doppelrahmfrischkäse

50 g Räucherlachs (in dünnen Scheiben)

Wraps mit Räucherlachs

Zubereitung

Die Paprikaschote halbieren, putzen und waschen. Die Paprikahälften in Streifen schneiden. Den Rucola verlesen, waschen und trocken schütteln, grobe Stiele entfernen. Die Tortillas mit dem Frischkäse bestreichen und mit dem Räucherlachs belegen.

Den Rucola und die Hälfte der Paprikastreifen darüber verteilen. Die Tortillas jeweils zu einem Wrap aufrollen und zum Servieren schräg halbieren (oder zum Mitnehmen in Butterbrotpapier wickeln). Die restlichen Paprikastreifen extra dazu servieren.

Pro Portion ca. 375 kcal,
15 g EW, 16 g F, 41 g KH, 7 g BST
Zubereitungszeit ca. 10 Minuten

Für 2 Portionen

2 Orangen (je 200–250 g)

100 g rote Zwiebeln

40 g schwarze Oliven (ohne Stein)

40 g grüne Pistazienkerne

2 EL Olivenöl

Pfeffer aus der Mühle

½ TL Zimtpulver

3–4 Stiele Koriandergrün

Chiliflocken nach Belieben

Orangensalat mit Oliven

Zubereitung

Die Orangen so schälen, dass auch die weiße Haut mit entfernt wird. Die Orangen in 3 bis 4 mm dicke Scheiben schneiden und diese leicht überlappend auf zwei großen Tellern anrichten. Die Kerne dabei entfernen. Die Zwiebeln schälen, in hauchdünne Scheiben schneiden und über die Orangen streuen. Die Pistazien grob hacken und mit den Oliven auf den Orangen verteilen. Das Olivenöl darüberträufeln, den Salat kräftig pfeffern und mit dem Zimt bestäuben. Das Koriandergrün waschen und trocken schütteln, die Blätter abzupfen und auf dem Salat verteilen. Wer mag, streut noch Chiliflocken darüber.

Pro Portion ca. 351 kcal,
7 g EW, 24 g F, 22 g KH, 5 g BST
Zubereitungszeit ca. 15 Minuten

Grüner-Spargel-Salat mit Eiern

Für 2 Portionen

Salz
1 TL Zucker
600 g grüner Spargel
2 TL Zitronensaft
1 TL Dijon-Senf
Pfeffer aus der Mühle
2 EL Olivenöl
4 Eier
3–4 Stiele Petersilie
40 g getrocknete Tomaten (in Öl eingelegt)

Zubereitung

In einem großen Topf Wasser mit Salz und Zucker zum Kochen bringen. Inzwischen vom Spargel nur das untere Drittel schälen, die holzigen Enden abschneiden und den Spargel waschen. Die Spargelstangen quer in Köpfe, mittlere Teile und untere, dickere Teile dritteln.

Zuerst die unteren Spargelstücke in das kochende Salzwasser geben und 3 Minuten garen. Dann die mittleren Stücke dazugeben und 2 Minuten weiterkochen. Zum Schluss die Köpfe dazugeben und weitere 2 bis 3 Minuten garen, bis der Spargel bissfest ist. In ein Sieb abgießen und eiskalt abschrecken.

Inzwischen den Zitronensaft mit dem Senf verrühren, mit Salz und Pfeffer würzen. Nach und nach das Olivenöl unterschlagen. Das Dressing über den Spargel gießen und 30 Minuten marinieren, dabei öfter wenden.

Inzwischen die Eier 10 Minuten hart kochen. Danach abschrecken und pellen. Die Petersilie waschen und trocken schütteln, die Blätter abzupfen und hacken. Die Tomaten abtropfen lassen, mit Küchenpapier abtupfen und klein hacken.

Petersilie und Tomaten unter den Spargel mischen. Die Eier in Scheiben schneiden oder grob hacken, etwas salzen und pfeffern und auf dem Salat verteilen.

Pro Portion ca. 368 kcal,
22 g EW, 25 g F, 12 g KH, 4 g BST
Zubereitungszeit ca. 30 Minuten
(+ 30 Minuten marinieren)

Große Hauptgerichte

Quinoa-Salat

Für 2 Portionen

½ Tasse Quinoa
1 TL gekörnte Brühe
2 Möhren
½ Zucchini
1 Stange Staudensellerie
2 EL Öl
1 TL gemahlener Kreuzkümmel
1 TL Korianderpulver
½ TL gemahlene Kurkuma
1 TL Ingwer (geschält und gehackt)
Saft von 1 Zitrone
½ EL Cashewmus
1 EL Olivenöl
1 EL Reissirup
Salz, Pfeffer aus der Mühle
½ Bund Petersilie
½ Avocado (in Würfeln; nach Belieben)

Zubereitung

Die Quinoa in einem Topf in einer Tasse Wasser mit der gekörnten Brühe garen und abkühlen lassen.

Die Möhren putzen, schälen und in kleine Würfel schneiden. Die Zucchini und den Sellerie putzen, waschen und in kleine Würfel schneiden.

In einem großen Topf das Öl erhitzen und darin das Gemüse mit den Gewürzen kurz andünsten. 1 EL Wasser hinzufügen und das Gemüse zugedeckt bei schwacher Hitze etwa 10 Minuten garen. Vom Herd nehmen und etwas abkühlen lassen.

Für das Dressing Zitronensaft, Cashewmus, Öl, Reissirup, ½ TL Salz und 1 kräftige Prise Pfeffer mit 3 EL Wasser verrühren. Die Petersilie waschen und trocken schütteln, die Blätter abzupfen und fein hacken.

Die Quinoa mit gegartem Gemüse, Petersilie, nach Belieben Avocado und Dressing mischen. Den Salat mit Salz und Pfeffer abschmecken.

Tipp

Der Salat schmeckt auch fein mit Paprika, Erbsen oder Brokkoli. Für den Extrabiss noch ein paar geröstete Cashewkerne auf den fertigen Salat streuen.

Pro Portion ca. 441 kcal,
9 g EW, 23 g F, 43 g KH, 10 g BST
Zubereitungszeit ca. 25 Minuten

Zoodles mit Petersilien-Pesto

Für 2 Portionen

400 g Zucchini

100 g Buchweizenspaghetti

Salz

50 g Kürbiskerne

1 Bund Petersilie

1 EL Leindotteröl
(alternativ Kürbiskernöl)

2 sehr frische Eier (Größe M)

1 EL Rapsöl

Pfeffer aus der Mühle

Zubereitung

Die Zucchini putzen, waschen und mit dem Spiralschneider zu Gemüsespaghetti schneiden. Die Buchweizenspaghetti in kochendem Salzwasser nach Packungsanweisung noch bissfest garen. In ein Sieb abgießen, dabei etwas Wasser auffangen.

Die Kürbiskerne in einer Pfanne ohne Fett rösten, bis sie duften. Die Petersilie waschen und trocken schütteln, Stiele abschneiden. Die Blätter mit Kürbiskernen und dem Leindotter- oder Kürbiskernöl zu feinem Pesto pürieren, dieses beiseitestellen.

Die Eier in kochendem Wasser etwa 6 Minuten wachsweich garen, dann kalt abschrecken.

Das Rapsöl in einer großen Pfanne erhitzen und die Zucchini darin bei schwacher Hitze unter Rühren 3 bis 5 Minuten dünsten, mit Salz und Pfeffer würzen. Spaghetti dazugeben und kurz mitbraten.

Das Pesto bis auf 2 TL unterziehen. Eventuell für mehr Saftigkeit noch etwas Nudelkochwasser unter die Zoodles mischen.

Die Zoodles auf eine Servierplatte türmen. Die Eier pellen und halbieren. Die Eihälften zu den Zoodles setzen, restliches Pesto als Kleckse darauf verteilen.

Pro Portion ca. 505 kcal,
24 g EW, 26 g F, 42 g KH, 4 g BST
Zubereitungszeit ca. 20 Minuten

Rote Linsenpuffer mit Ajvardip

Für ca. 8 Stück

1 EL geschrotete Leinsamen

250 g gekeimte rote Linsen (oder 125 g getrocknete rote Linsen)

1 EL Magerquark

2–3 EL Dinkelvollkornmehl

Salz

Cayennepfeffer

½ TL Kreuzkümmelpulver

2 EL Rapsöl

100 g Schmand

2 EL Ajvar

Zubereitung

Die Leinsamen mit 3 EL lauwarmem Wasser verrühren und etwa 10 Minuten quellen lassen, bis die Masse dickflüssig wird.

Vorgekeimte Linsen waschen. Falls getrocknete Linsen verwendet werden, diese in einem Topf mit 200 ml Wasser 10 bis 12 Minuten weich garen. Linsen mit Leinsamen, Quark und Mehl zu einer weichen, formbaren Masse verarbeiten. Mit Salz, Cayennepfeffer und Kreuzkümmel würzen.

Eine große Pfanne mit Backpapier auslegen und dieses mit Öl bestreichen. Die Pfanne erhitzen und 8 Puffer aus der Linsenmasse braten. Dazu vorher je 1 EL Masse mit angefeuchteten Händen zu einem Bratling formen, diesen in die heiße Pfanne legen, mit dem Pfannenwender zu einem Puffer flach drücken und auf jeder Seite 1 Minute braten. Die Puffer auf Küchenpapier abtropfen lassen.

Den Schmand mit dem Ajvar verrühren und als Dip zu den Linsenpuffern reichen.

Pro Portion (4 Stück) ca. 475 kcal,
35 g EW, 19 g F, 29 g KH, 3 g BST
Zubereitungszeit ca. 15 Minuten

Mini-Blumenkohl-Pizzen

Für 4 Stück

Für den Boden:

1 Blumenkohl (geputzt ca. 600 g)

50 g geriebener Parmesan

2 Eier (Größe M)

½ TL getrockneter Oregano

Salz

Pfeffer aus der Mühle

Für den Belag:

200 g Cocktailtomaten

1 Kugel Mozzarella (125 g)

1 Handvoll Basilikumblätter

Zubereitung

Den Backofen auf 160 °C (Umluft) vorheizen. Zwei Backbleche mit Backpapier belegen. Für den Boden den Blumenkohl putzen, waschen und in Röschen teilen. Die Röschen in der Küchenmaschine oder auf der Gemüsereibe fein raspeln, auf ein sauberes Küchentuch geben und die Flüssigkeit kräftig herausdrücken.

Den geriebenen Blumenkohl mit Parmesan und Eiern verrühren und mit Oregano, Salz und Pfeffer würzen. Die Masse vierteln und auf jedes Blech zwei Viertel als runde Pizzen gleichmäßig zu dünnen Fladen mit je ca. 20 cm Durchmesser ausstreichen. Die Böden im Ofen auf der mittleren Schiene 25 bis 35 Minuten backen, bis der Rand kross und der Pizzaboden leicht gebräunt ist.

Für den Belag die Tomaten waschen und halbieren. Den Mozzarella klein zupfen. Die Basilikumblätter waschen und trocken tupfen.

Die Böden aus dem Ofen nehmen und die Backofentemperatur auf 230 °C erhöhen. Die Blumenkohl-Pizzen mit den Tomaten belegen und mit dem Mozzarella bestreuen, dann im Ofen 7 bis 10 Minuten fertig backen. Herausnehmen und zum Servieren mit Basilikumblättern bestreuen.

Pro Portion ca. 210 kcal,
17 g EW, 13 g F, 6 g KH, 5 g BST
Zubereitungszeit ca. 30 Minuten
(+ ca. 45 Minuten backen)

Buchweizen-Crêpe mit Gemüse

Für 2 Portionen

125 ml Milch (1,5 % Fett)

1 Ei

50 g Buchweizenmehl

Salz

1 Zucchino (ca. 200 g)

100 g Kirschtomaten

2 Schalotten

2 EL Rapsöl

100 g TK-Erbsen

1 EL Bärlauch-Pesto (aus dem Glas)

Pfeffer

½ Bund Schnittlauch

Zubereitung

Milch und Ei verquirlen. Mehl und ¼ TL Salz dazugeben. Zu einem glatten Teig verrühren. Ca. 10 Minuten quellen lassen.

Zucchino längs halbieren, in dünne Scheiben schneiden. Tomaten halbieren. Schalotten würfeln. 1 EL Öl in einer Pfanne erhitzen, Schalotten, Zucchino und Erbsen darin 2 bis 3 Minuten andünsten. Pesto und Tomaten unterrühren.

In einer beschichteten Pfanne (18 cm ø) ½ EL Öl erhitzen. Die Hälfte vom Teig durch Schwenken verteilen und bei mittlerer Hitze 2 bis 3 Minuten backen. Einmal wenden und noch einmal 2 Minuten backen. Warmhalten. Mit übrigem Teig und Öl auf die gleiche Art einen zweiten Pfannkuchen backen.

Jeden Pfannkuchen auf je einen Teller legen. Anschließend das Gemüse darauf verteilen. Schnittlauch in Röllchen schneiden und die Pfannkuchen damit bestreuen.

Pro Portion ca. 360 kcal,
15 g EW, 19 g F, 33 g KH, 3 g BST
Zubereitungszeit ca. 25 Minuten

Shakshuka mit Kichererbsen

Für 2 Portionen

½ Zwiebel

1 kleine Knoblauchzehe

1 rote Paprikaschote

½ Glas Kichererbsen (120 g Abtropfgewicht)

1 EL Rapsöl

½ EL Tomatenmark

400 g stückige Tomaten (aus dem Glas)

Salz

Pfeffer aus der Mühle

1 Msp. gemahlener Kreuzkümmel

4 Eier (Größe M)

½ Bund Petersilie

½ Dinkelbaguette

Zubereitung

Zwiebel und Knoblauch schälen und in feine Würfel schneiden. Die Paprika längs halbieren, entkernen, waschen und in kleine Würfel schneiden. Die Kichererbsen in ein Sieb abgießen, kalt abbrausen und abtropfen lassen.

Das Öl in einer Pfanne erhitzen, Zwiebel und Knoblauch darin andünsten. Die Paprikawürfel dazugeben und kurz anbraten. Das Tomatenmark hinzufügen und kurz anrösten, dann die Tomatenstücke dazugeben und 300 ml Wasser dazugießen. Die Kichererbsen hinzufügen und alles gut verrühren.

Mit Salz, Pfeffer und Kreuzkümmel würzen und alles bei schwacher Hitze etwa 25 Minuten köcheln lassen, bis die Sauce eingedickt ist.

Mit einem Kochlöffel vier Mulden in die Sauce drücken und die aufgeschlagenen Eier vorsichtig hineingleiten lassen. Mit geschlossenem Deckel noch 10 bis 15 Minuten köcheln lassen, bis das Eiweiß gestockt ist.

Inzwischen die Petersilie waschen und trocken schütteln, die Blätter abzupfen und fein hacken. Zum Servieren die Shakshuka mit den Kräutern bestreuen und am besten in der Pfanne auf den Tisch stellen. Das Brot dazu reichen.

Pro Portion ca. 477 kcal,
27 g EW, 21 g F, 40 g KH, 7 g BST
Zubereitungszeit ca. 50 Minuten

Diese 10 Lebensmittel sollten Sie immer im Haus haben

Heißhunger macht alle guten Vorsätze zunichte. Knurrt erst einmal der Magen, muss es schnell gehen.

Besonders nach der 16-stündigen Esspause oder einem Fastentag freut man sich auf die erste Mahlzeit. Wer dann nichts Gutes im Kühlschrank oder in der Speisekammer hat, greift häufig zu fettigen und/oder zuckrigen Kalorienbomben. Sie füllen zwar das Loch im Bauch, sättigen aber nur kurz. Lange satt werden Sie eher mit diesen Lebensmitteln.

1. Eier
Sie zählen zu den besten Eiweißlieferanten, sättigen prima und sind sehr vielseitig. Ob als Rührei oder hart gekocht: Eier gehören in jeden Kühlschrank.

2. Joghurt, Quark und Co.
Magere Milchprodukte zählen ebenfalls zu den Top-Proteinlieferanten. Sie sind die ideale Ruckzuck-Mahlzeit – süß mit ein paar frischen oder tiefgekühlten Beeren oder herzhaft gewürzt mit Gemüsesticks.

3. Nüsse
Sie galten früher als Dickmacher, doch das ist längst widerlegt. Nüsse – vor allem Walnüsse – liefern gesunde Fette und dazu jede Menge weitere gute Inhaltsstoffe. Eine Handvoll sollte daher täglich auf den Speiseplan. Ihre gesundheitlichen Vorteile überwiegen in der Tat ihre hohe Anzahl an Kalorien.

4. Gemüse
Frisch oder tiefgekühlt, ohne Zusätze wie Zucker und Salz: Gemüse kann man nie genug im Haus haben. Ob als Rohkost oder als schnelle Suppe – Zucchini, Möhren und Co. verscheuchen den Hunger rasch und auf gesunde Weise.

5. Fleisch
Mageres und gekochtes Fleisch von Rind oder Geflügel garantiert eine lange Sättigung und einen konstanten Blutzuckerspiegel. Aus ökologischen Gründen bitte nur selten und in Bioqualität genießen.

6. Fisch

Auch Fisch ist ein hochwertiger Proteinlieferant und versorgt den Körper zudem mit wichtigen Omega-Fettsäuren. Doch auch hier gilt: Qualität entscheidet. Weltweite Überfischung und der Schadstoffgehalt mancher Zuchtfische sind inzwischen ein großes Problem. Machen Sie einen Bogen um Tiere aus kommerziellen Aquakulturen, und orientieren Sie sich anhand entsprechender Siegel (etwa mit dem MSC- oder dem ASC-Siegel), welche Fische noch mit gutem Gewissen gegessen werden können.

7. Haferflocken

Sie galten viele Jahre als Langweiler. Heute zählen Haferflocken zu Recht als Superfood! Ihre Pluspunkte: Gute Bilanz aus langkettigen Kohlenhydraten und Proteinen. Dazu viele Ballaststoffe und Vitamine.

8. Hülsenfrüchte

Klein, aber oho: Erbsen, Linsen, Bohnen sollten in keiner Vorratskammer fehlen. Durch ihren hohen Ballaststoff- und Vitamin-, vor allem aber ihren hohen Eiweißgehalt zählen sie zu den besten Grundnahrungsmitteln und lassen sich prima gekocht im Kühlschrank lagern.

9. Vollkornnudeln und -reis

Doppelt gut: Nudeln und Reis in Vollkornvariante vorkochen. Dadurch verkürzt sich die Zubereitungszeit einer Mahlzeit deutlich. Und abgekühlt entwickeln beide resistente Stärke, die das Mikrobiom im Darm verwöhnt.

10. Vollkornbrot

Ein Brot aus dem vollen Korn ist immer eine gute Wahl, wenn der Hunger groß und das Zeitbudget klein ist. Einfach mit viel Salat, Gurken, Tomaten und etwas Käse oder magerem Schinken belegen: fertig!
Auch wenn die Vollkornvarianten viel besser sind als die leere, verarbeitete Kohlenhydratform, so bleiben sie doch eine Zuckerquelle. Also nicht im Übermaß genießen.

Blumenkohl-Couscous

Für 2 Portionen

1 Blumenkohl
1 Zwiebel
2 Knoblauchzehen
½ rote Chilischote
2 getrocknete Feigen
½ Bund Petersilie
½ Bund Minze
1 Granatapfel
40 g Kürbiskerne
20 g Sonnenblumenkerne
20 g Pinienkerne
1 EL helle Sesamsamen
2 EL Olivenöl
Salz
Pfeffer aus der Mühle
Saft von 1 Zitrone
100 g Feta (Schafskäse; zerbröckelt)

Zubereitung

Blumenkohl vom Strunk befreien, waschen und in grobe Röschen zerteilen. Im Mixer mit grobem Aufsatz mixen, bis der Blumenkohl wie Couscous aussieht.

Die Zwiebel und den Knoblauch schälen, die Chili längs halbieren, entkernen und waschen. Alles in feine Würfel schneiden. Die Feigen klein schneiden. Die Kräuter waschen und trocken schütteln, die Blätter abzupfen und grob hacken. Den Granatapfel halbieren und die Kerne herauslösen.

Kürbis-, Sonnenblumen- und Pinienkerne mit dem Sesam in einer Pfanne ohne Fett kurz rösten und dann auf einem Teller beiseitestellen.

Olivenöl in der Pfanne bei mittlerer Temperatur erhitzen. Zwiebel, Knoblauch und Chili darin andünsten. Temperatur erhöhen, den Blumenkohl-Couscous dazugeben und etwa 2 Minuten braten, sodass er Röstaromen bekommt.

Den Blumenkohl-Couscous mit Salz, Pfeffer und Zitronensaft würzen und auf zwei Tellern anrichten. Feigen, geröstete Kerne und Sesam sowie Granatapfelkerne darauf anrichten. Blumenkohl-Couscous mit Kräutern und Feta bestreut.

Pro Portion 720 kcal,
32 g EW, 46 g F, 35 g KH, 12 g BST
Zubereitungszeit ca. 25 Minuten

Zucchini-Omelett mit Feta

Für 2 Portionen

4 Eier (Größe M)
75 g Frischkäse
Salz
Pfeffer aus der Mühle
3 Frühlingszwiebeln
1–2 feste Zucchini (ca. 150 g)
2–3 Stiele Petersilie
2 TL Rapsöl
20 g Butter
75 g Schafskäse (Feta)

Zubereitung

Eier und Frischkäse mit dem Schneebesen verrühren. Mit Salz und Pfeffer würzen.

Die Frühlingszwiebeln putzen und waschen. Das Weiße der Frühlingszwiebeln hacken, das Grüne in feine Ringe schneiden. Die Zucchini putzen, waschen und klein schneiden. Die Petersilie waschen und trocken schütteln, die Blätter abzupfen und grob hacken.

Das Öl bei mittlerer Temperatur erhitzen. Butter dazugeben und zerlassen, bis sie schäumt. Das Zwiebelweiß unter Rühren 1 Minute darin andünsten. Die Zucchini dazugeben und 2 Minuten sanft braten, dabei einmal wenden.

Die Hitze etwas reduzieren, die Eiermasse auf die Zucchini gießen und 3 bis 4 Minuten stocken lassen, dabei den Rand öfter anheben und die noch flüssige Eiermasse darunterfließen lassen.

Den Feta zerkrümeln und auf dem Omelett verteilen. Den Herd ausschalten, den Deckel darauflegen und den Feta 2 bis 3 Minuten weich werden lassen.

Das Omelett noch mal mit Pfeffer würzen, mit der Petersilie und dem Zwiebelgrün bestreuen und sofort servieren.

Pro Portion ca. 539 kcal,
27 g EW, 45 g F, 7 g KH, 2 g BST
Zubereitungszeit ca. 25 Minuten

Bulgur mit Gurke und Avocado

Für 2 Portionen

125 g Bulgur

2 dünne Frühlingszwiebeln

2 EL Olivenöl

1 TL gemahlene Kurkuma (oder Currypulver)

300 ml Gemüsebrühe

100 g Salatgurke

½ Avocado (75 g Fruchtfleisch)

1 TL Zitronensaft, evtl. etwas mehr

2 Stiele Dill

1 TL abgeriebene Bio-Zitronenschale

Salz

grüner Pfeffer aus der Mühle

Zubereitung

Den Bulgur in ein Sieb geben, gründlich abbrausen und abtropfen lassen. Die Frühlingszwiebeln putzen, waschen, das Weiße hacken, das Grüne in feine Ringe schneiden und beiseitestellen.

Das Zwiebelweiß im Olivenöl andünsten, Kurkuma darüberstäuben und unterrühren. Den Bulgur dazugeben, unter Rühren kurz andünsten, dann mit der Brühe ablöschen. Aufkochen und zugedeckt bei schwacher Hitze 7 bis 10 Minuten quellen lassen.

Die Gurke waschen, längs halbieren und die Kerne mit einem kleinen Löffel entfernen. Das Fruchtfleisch in sehr kleine Würfel schneiden. Den Stein aus der Avocado entfernen, das Fruchtfleisch aus der Schale lösen, in kleine Würfel schneiden und sofort mit dem Zitronensaft beträufeln. Den Dill waschen, trocken schütteln, die Spitzen abzupfen und hacken.

Den fertigen Bulgur in einer Schüssel abkühlen lassen, mit Zitronenschale, Salz und Pfeffer würzen Frühlingszwiebelringe, Gurke und Dill untermischen, dann die Avocadowürfel behutsam unterheben. Mit Salz, Pfeffer und nach Belieben noch etwas Zitronensaft abschmecken.

Pro Portion ca. 399 kcal,
9 g EW, 19 g F, 45 g KH, 9 g BST
Zubereitungszeit ca. 20 Minuten

Asia-Pfanne mit buntem Gemüse

Für 2 Portionen

120 g Vollkorn-Basmatireis

Salz

75 g Zuckerschoten

1 Möhre

1 kleine rote Paprikaschote

100 g frische Sojabohnenkeimlinge (ersatzweise aus dem Glas)

1 EL geschälte Sesamsamen

1 EL Sonnenblumenöl

1 walnussgroßes Stück Ingwer

200 g Ananasfruchtfleisch (ersatzweise abgetropfte Ananasstücke natursüß; aus der Dose)

4 EL Ananassaft (oder der Saft aus der Dose)

340 g abgetropfte Mini-Maiskolben (aus dem Glas)

1 Msp. 5-Gewürz-Pulver

Pfeffer aus der Mühle

1 gestr. TL Speisestärke

Zubereitung

Den Basmatireis nach Packungsanweisung in Salzwasser garen. Zuckerschoten putzen, waschen und je nach Größe halbieren oder ganz lassen. Möhre putzen, schälen, längs halbieren und dann schräg in schmale Scheiben schneiden. Paprikaschote längs halbieren, entkernen, waschen und in grobe Stücke schneiden.

Die Sojabohnenkeimlinge in einem Sieb kurz abspülen und gut abtropfen lassen, evtl. trocken tupfen (Sojakeimlinge aus dem Glas gut abtropfen lassen). Sesam im Wok oder in einer großen Pfanne ohne Fett unter Wenden goldbraun rösten und auf einem Teller abkühlen lassen.

Das Öl im Wok oder in der Pfanne erhitzen. Zuckerschoten, Möhrenscheiben, Paprikastücke und Sojabohnenkeimlinge darin unter gelegentlichem Wenden bei starker Hitze 5 bis 8 Minuten braten.

Den Ingwer schälen und fein hacken. Die Ananas in Stücke schneiden. Ingwer, Ananassaft und Speisestärke verrühren.

Ananasstücke und Maiskölbchen unter das Gemüse mischen und alles mit 5-Gewürz-Pulver, Salz und Pfeffer würzen. Angerührte Speisestärke dazugeben, verrühren und alles bei starker Hitze unter Rühren kurz aufkochen lassen. Die Asia-Pfanne nochmals abschmecken, mit geröstetem Sesam bestreuen und mit dem Basmatireis servieren.

Pro Portion ca. 558 kcal,
17 g EW, 13 g F, 91 g KH, 9 g BST
Zubereitungszeit ca. 30 Minuten

Sie schaffen das!

Teilzeitfasten sollte keine kurzfristige Diätmethode sein. Esspausen lassen sich gut in den Alltag integrieren. Mit diesen Motivationsstrategien bleiben Sie am Ball.

Sehen Sie die Vorteile!
Am leichtesten ziehen wir Dinge durch, wenn wir von ihnen überzeugt sind. Das gilt auch fürs Kurzzeitfasten, und zwar unabhängig von der jeweiligen Methode. Halten Sie sich bewusst die Vorteile dieses Ernährungskonzeptes vor Augen. Durch den zeitweiligen Verzicht aufs Essen senken Sie das Risiko für Erkrankungen wie Diabetes Typ 2, Alzheimer und Depressionen. Und nebenbei können Sie ohne große Einschränkungen ein paar Kilos verlieren oder Ihr Gewicht halten. Auch aufwendiges Kalorienzählen oder komplizierte Diätgerichte sind überflüssig. Es genügt, wenn Sie in den Esspausen konsequent bleiben und sich an den anderen Tagen gesund und ausgewogen ernähren. Dabei helfen Ihnen die Rezepte ab Seite 74.

Belohnen Sie sich!
Sie haben den ersten Monat hinter sich? Dann bereiten Sie sich selbst eine Freude. Wie wäre es mit einem tollen Buch? Einem Strauß Blumen? Einem neuen Pullover? Einem Kino- oder Theaterbesuch?

Bleiben Sie flexibel!
Wer das Gefühl hat, in ein starres Konzept gepresst zu werden, hat eher den Wunsch auszubrechen. Sofern Sie mit Ihrem gewählten Programm nicht zufrieden sind, spricht nichts gegen einen generellen Wechsel. Oder falls Sie merken, dass es in einer Woche mit dem 16:8-Prinzip nicht klappt, wechseln Sie auf die 5:2-Variante. Das ist immer gut, wenn Sie abends ins Restaurant eingeladen werden oder zu einem Geburtstag gehen. Im Vordergrund sollte lediglich stehen, bewusste Esspausen einzulegen – wie, ist dabei Nebensache. Oder Sie verlängern an einem Tag einfach die Fastenzeit, wenn Sie zum Beispiel am Abend noch etwa gesündigt haben. Auch das ist möglich.

Seien Sie nett zu sich!
„Ich bin doch keine Maschine, ich bin ein Mensch aus Fleisch und Blut“, singt Tim Bendzko – und hat damit natürlich vollkommen recht! Wenn Sie am einen oder anderen Tag das Intervallprogramm nicht durchziehen, warum auch immer, ist das kein Drama. Seien Sie nicht so hart zu sich selbst nach dem Motto: „Ich habe versagt!“ Wichtig ist nur, dass Sie am nächsten Tag wieder einsteigen und weitermachen.

Machen Sie Kreuzchen!
Bis aus einer Veränderung Gewohnheit wird, dauert es. Den meisten Menschen gehen neue Regeln innerhalb von zwei Monaten in Fleisch und Blut über. Hilfreich kann es sein, ein Blatt Papier mit 60 Kästchen zu füllen und jeden geschafften Tag mit einem Kreuzchen zu markieren.

Finden Sie Gleichgesinnte!
Gruppendynamik wirkt sehr motivierend. Suchen Sie sich Teilzeit-Faster in Ihrem Umfeld. Sie können zu einer Art Sicherheitsnetz werden, wenn bei Ihnen mal während der Esspausen das Durchhaltevermögen flöten gehen will. Dann kann uns schon ein ermutigendes Gespräch wieder auf den richtigen Weg bringen. Prima ist auch, mit anderen Sport zu machen und so die positiven Effekte des Kurzzeitfastens noch mehr zu stärken. Auch das gelingt im Team meistens besser.

Pasta mit Rote-Bete-Bolognese

Für 2 Portionen

150 g Vollkornspaghetti

Salz

½ Zwiebel

1 Knoblauchzehe

100 g Staudensellerie (mit Grün)

1 Zweig Thymian

1 Zweig Rosmarin

2 EL Sonnenblumenkerne

1 EL Olivenöl

1 getrocknetes Lorbeerblatt

100 ml Fleischbrühe (Instant)

1 Dose stückige Tomaten (800 g Inhalt)

Pfeffer aus der Mühle

200 g Rote Beten (gegart und vakuumverpackt)

Aceto balsamico

½ TL geriebener Meerrettich

2 EL geriebener Parmesan

Zubereitung

Nudeln nach Packungsanweisung in kochendem Salzwasser bissfest garen, in ein Sieb abgießen und abtropfen lassen.

Inzwischen Zwiebel und Knoblauch schälen und in feine Streifen bzw. Würfel schneiden. Sellerie putzen, waschen und in kleine Würfel schneiden, das Grün fein hacken und beiseitelegen. Kräuter waschen und trocken tupfen, die Blättchen bzw. Nadeln abzupfen und fein hacken. Sonnenblumenkerne in einer Pfanne ohne Fett rösten.

Die Zwiebel in einer Pfanne im Olivenöl anbraten, Knoblauch, Sellerie, Rosmarin, Thymian und Lorbeer hinzufügen und kurz mitbraten. Mit der Brühe ablöschen und etwas einköcheln lassen. Tomaten samt Saft dazugeben, mit Salz und Pfeffer würzen und zugedeckt bei schwacher Hitze etwa 10 Minuten garen.

Rote Beten abtropfen lassen, in kleine Würfel schneiden und zur Tomatensauce geben. Sauce kurz aufkochen, Lorbeerblatt wieder entfernen. Die Tomatensauce mit Essig, Meerrettich, Salz und Pfeffer abschmecken.

Die Nudeln mit der Rote-Bete-Bolognese anrichten. Mit Parmesan, Sonnenblumenkernen und Selleriegrün garnieren. Dazu passt Blattsalat.

Pro Portion ca. 542 kcal,
22 g EW, 15 g F, 76 g KH, 5 g BST
Zubereitungszeit ca. 25 Minuten

Möhrennudeln mit Bärlauch-Pesto

Für 2 Portionen

Für die Nudeln:

150 g Vollkornnudeln (z. B. Bandnudeln, Spaghetti)

Salz

300 g Möhren

2 EL Olivenöl

Pfeffer aus der Mühle

3 EL geriebener Parmesan

Für das Pesto:

1 EL Pinienkerne

1 EL Olivenöl

2 EL Zitronensaft

2 EL gehackter Bärlauch

2 EL geriebener Parmesan

Zubereitung

Die Nudeln nach Packungsanweisung in kochendem Salzwasser bissfest garen.

Inzwischen für das Pesto die Pinienkerne in einer Pfanne ohne Fett rösten. Alle Zutaten für das Pesto in einen hohen Rührbecher geben und mit dem Stabmixer zu einer Paste verarbeiten. Ist das Pesto zu fest, etwas Wasser dazugeben.

Möhren putzen, schälen und mit dem Sparschäler in dünne Streifen schneiden. In einer Pfanne im Olivenöl bei mittlerer Hitze bissfest dünsten, leicht mit Salz und Pfeffer würzen.

Nudeln in ein Sieb abgießen, dabei 200 ml Nudelwasser auffangen. Pesto und Nudelwasser zu den Möhren geben. Abgetropfte Nudeln daruntermischen und mit Salz und Pfeffer abschmecken. In tiefen Tellern anrichten und mit Parmesan bestreut servieren.

Pro Portion ca. 571 kcal,
19 g EW, 27 g F, 61 g KH, 5 g BST
Zubereitungszeit ca. 20 Minuten

Graupen-Risotto mit Spargel

Für 2 Portionen

350 g grüner Spargel
1 kleine Zwiebel
50 g Kirschtomaten
½ kleiner Radicchio
2 EL Olivenöl
150 g Perlgraupen
4 EL trockener Weißwein
ca. ¾ l heiße Gemüsebrühe
60 g Gorgonzola
2 EL gehackte Haselnüsse
etwas abgeriebene Schale von 1 Bio-Zitrone
Salz
bunter Pfeffer aus der Mühle
1 EL gehackter Kerbel

Zubereitung

Spargel waschen und nur im unteren Drittel schälen. Spargelstangen schräg in Stücke schneiden, Spitzen längs halbieren. Die Zwiebel schälen und in feine Würfel schneiden. Kirschtomaten waschen und halbieren. Radicchio in die einzelnen Blätter teilen, waschen, trocken schleudern und in Streifen schneiden.

Zwiebel und Graupen in einem Topf im Olivenöl andünsten. Mit Wein ablöschen, kurz einköcheln lassen. Die Brühe angießen, bis die Graupen bedeckt sind. Zugedeckt bei mittlerer Hitze etwa 20 Minuten garen, dabei immer wieder umrühren und Brühe nachgießen. Nach 15 Minuten Spargel und Tomaten untermischen und mitgaren.

Den Risotto vom Herd nehmen. Den Käse in Würfel schneiden und die Hälfte davon mit dem Radicchio unter den Risotto rühren. Nüsse in einer Pfanne ohne Fett rösten. Risotto mit Zitronenschale, Salz und Pfeffer abschmecken. Mit restlichem Käse, Nüssen und Kerbel servieren.

Pro Portion ca. 640 kcal,
21 g EW, 34 g F, 56 g KH, 6 g BST
Zubereitungszeit ca. 30 Minuten

Rotbarsch auf Kichererbsen-Spinat

Für 2 Portionen

1 Dose Kichererbsen (240 g Abtropfgewicht)

1 Zwiebel

½ Knoblauchzehe

½ rote Chilischote

4 TL Rapsöl

je 50 ml Gemüsebrühe und Kochsahne (15 % Fett)

300 g Blattspinat

Salz

Ingwerpulver

Currypulver

2 Rotbarschfilets (etwa aus der Nordostarktis), je 150 g, frisch oder TK (aufgetaut)

Pfeffer aus der Mühle

2 Bio-Zitronenspalten

Zubereitung

Die Kichererbsen in einem Sieb kalt abbrausen und abtropfen lassen. Zwiebel und Knoblauch schälen und in feine Würfel schneiden. Chili entkernen, waschen und in feine Ringe schneiden.

Zwiebel, Knoblauch und Chili in einer Pfanne 1 TL Öl andünsten. Die Brühe angießen. Spinat putzen, waschen und abtropfen lassen. Spinat in die Pfanne geben und zusammenfallen lassen. Sahne und Kichererbsen hinzufügen und miterhitzen.
Mit Salz, Ingwer und Curry würzen.

(Aufgetauten) Fisch waschen, trocken tupfen und mit Salz und Pfeffer würzen. Im restlichen Öl auf beiden Seiten braten. Fischfilets auf dem Kichererbsen-Spinat mit Zitronenspalten anrichten.

Tipp

Essen Sie Fisch nur gelegentlich, und achten Sie beim Fischkauf auf nachhaltigen Fischfang. MSC- und ASC-Siegel können eine erste Orientierung geben.

Pro Portion ca. 524 kcal,
47 g EW, 24 g F, 25 g KH, 9 g BST
Zubereitungszeit ca. 20 Minuten

Fisch-Gemüse-Pasta

Für 2 Portionen

2 Möhren

1 Zucchini

2 Frühlingszwiebeln

1 Knoblauchzehe

75 g Kirschtomaten

4 Zweige Thymian

150 g Vollkornlinguine

Salz

250 g Seehechtfilets (oder alternativ Kabeljaufilets), frisch oder TK (aufgetaut)

bunter Pfeffer aus der Mühle

3 EL Olivenöl

Saft von ½ Zitrone

Zubereitung

Möhren putzen und schälen, Zucchini putzen und waschen. Beides mit dem Sparschäler in breite Streifen schneiden. Frühlingszwiebeln putzen, waschen und in feine Ringe schneiden. Knoblauch schälen und in feine Würfel schneiden. Tomaten waschen. Thymian waschen und trocken schütteln, die Blättchen abzupfen.

Nudeln nach Packungsanweisung in kochendem Salzwasser bissfest garen, in ein Sieb abgießen und abtropfen lassen.

(Aufgetaute) Fischfilets waschen, trocken tupfen und in mundgerechte Würfel schneiden. Leicht mit Salz und Pfeffer würzen. In einer Pfanne in 2 EL Olivenöl rundum braten, wieder herausnehmen.

Das Weiße der Frühlingszwiebeln und die Gemüsestreifen in Bratfett und restlichem Öl etwa 3 Minuten braten. Knoblauch und Tomaten hinzufügen und kurz mitbraten. Fisch wieder dazugeben und mit Thymianblättchen, Zitronensaft, Salz und Pfeffer würzen.

Abgetropfte Nudeln vorsichtig unterheben. Die Fisch-Gemüse-Pasta mit Zwiebelgrün garniert anrichten.

Pro Portion ca. 570 kcal,
34 g EW, 18 g F, 64 g KH, 7 g BST
Zubereitungszeit ca. 25 Minuten

Kabeljau auf Asia-Gemüse

Für 2 Portionen

120 g Vollkornreis
Salz
2 EL süß-scharfe Chilisauce
½ EL 5-Gewürze-Pulver
2 EL Sojasauce
250 g (Atlantik-)Kabeljaufilets
1 EL Limettensaft
300 g weißer Spargel
2 Möhren
2 Frühlingszwiebeln
1 EL helle Sesamsamen
2 EL Rapsöl
2 Tassen Gemüsebrühe
1 EL Sesamöl
½ TL fein gehackter Ingwer
1 Tasse Gemüsebrühe
Chiliflocken
1 EL gehacktes Koriandergrün

Zubereitung

Den Reis nach Packungsanweisung in Salzwasser garen. Inzwischen je 1 EL Chili- und Sojasauce mit 5-Gewürze-Pulver und Limettensaft verrühren. Fischfilets waschen, trocken tupfen, in mundgerechte Würfel schneiden und mit der Marinade mischen.

Spargel waschen und schälen. Möhren putzen, schälen und längs halbieren. Beides schräg in 1 cm breite Scheiben schneiden. Frühlingszwiebeln putzen und waschen. Das Zwiebelweiß in Ringe, das Grün in Streifen schneiden. Sesam in einer Pfanne ohne Fett rösten und beiseitestellen.

Fischwürfel in einer Pfanne in 1 ½ EL Rapsöl rundum etwa 5 Minuten braten. Leicht salzen, herausnehmen und warm halten.

Ingwer, Spargel, Möhren und Fühlingszwiebelringe im Bratfett und restlichen Rapsöl bei mittlerer Hitze etwa 4 Minuten braten. Mit der Brühe ablöschen. Restliche Soja- und Chilisauce dazugeben, zugedeckt etwa weitere 4 Minuten garen und das Gemüse mit Sesamöl abschmecken.

Kabeljaufilets auf dem Gemüse anrichten. Mit Chiliflocken, Sesam, Frühlingszwiebel- und Koriandergrün garnieren und mit dem Reis servieren.

Pro Portion ca. 537 kcal,
32 g EW, 21 g F, 52 g KH, 6 g BST
Zubereitungszeit ca. 25 Minuten

Zanderfilet auf Mango-Möhren-Salat

Für 2 Portionen

200 g Mangofruchtfleisch

2 Frühlingszwiebeln

½ rote Chilischote

2 mittelgroße Möhren

Salz

2 –3 EL Limettensaft

½ EL mildes Currypulver

1 EL Honig

2 EL Öl

1 EL Kokosraspel

etwas gehacktes Koriandergrün

300 g Zanderfilets

bunter Pfeffer aus der Mühle

½ Vollkornbaguette (ca. 180 g)

Zubereitung

Mango quer in feine Scheiben schneiden. Frühlingszwiebeln und Chilischote putzen, waschen und in feine Ringe schneiden. Möhren putzen, schälen und in dünne Scheiben schneiden. In wenig Wasser zugedeckt 2 Minuten garen und abgießen, dabei den Sud auffangen.

Limettensaft mit Möhrensud, Currypulver, 1 bis 2 Prisen Salz, Honig und 1 EL Öl verrühren. Das Weiße der Frühlingswiebeln dazugeben. Möhren kurz in der Marinade ziehen lassen, dann Mango und Chiliringe unterheben.

Kokosraspel in einer Pfanne ohne Fett kurz anrösten. Den Salat mit Kokosraspeln, Frühlingswiebelgrün und Koriander garnieren.

Fischfilets waschen, trocken tupfen und leicht mit Salz und Pfeffer würzen. Im restlichen Öl in einer Pfanne auf beiden Seiten braten. Auf dem Mango-Möhren-Salat anrichten. Mit Vollkorn-Baguette servieren.

Pro Portion ca. 592 kcal,
39 g EW, 15 g F, 66 g KH, 13 g BST
Zubereitungszeit ca. 25 Minuten

Puten-Bratlinge auf Möhren-Polenta

Für 2 Portionen

2–3 Frühlingszwiebeln
400 g Möhren
2–3 EL Rapsöl
100 g Polenta (Maisgrieß)
Salz
Pfeffer aus der Mühle
150 g Putenbrustfilet
50 g Magerquark
2–3 EL zarte Haferflocken
etwas abgeriebene Bio-Zitronenschale

Zubereitung

Die Frühlingszwiebeln und die Möhren putzen und waschen, das Möhrengrün beiseitelegen. Die Frühlingszwiebeln in Ringe schneiden, dabei die grünen und die weißen Teile getrennt halten. Die Hälfte der Möhren auf dem Gemüsehobel in dünne Scheiben schneiden, den Rest fein reiben. 2 bis 3 Stiele Möhrengrün fein hacken.

In einer Pfanne 1 EL Öl erhitzen und die Möhrenscheiben darin andünsten. Grüne Frühlingzwiebelringe, Möhrengrün und Polenta dazugeben. 300 ml Wasser angießen und alles mit Salz und Pfeffer würzen. Die Polenta zugedeckt bei schwacher Hitze etwa 15 Minuten quellen lassen.

Inzwischen das Putenfleisch waschen und trocken tupfen, zunächst klein schneiden und dann fein hacken. Mit weißen Zwiebelringen, Möhrenraspeln, Quark, Haferflocken und Zitronenschale glatt verrühren. Mit Salz und Pfeffer würzen.

In einer Pfanne 1 EL Öl erhitzen. Aus der Putenhackmasse 4 kleine Hacksteaks in die Pfanne setzen und bei mittlerer Hitze auf beiden Seiten je 5 Minuten hellbraun braten, falls nötig, noch etwas Öl dazugeben. Polenta auf Teller verteilen, die Puten-Bratlinge darauf anrichten. Nach Belieben mit Möhrengrün und Pfeffer garniert servieren.

Pro Portion ca. 535 kcal,
30 g EW, 18 g F, 34 g KH, 10 g BST
Zubereitungszeit ca. 35 Minuten

Mango-Hähnchen mit Bulgur

Für 2 Portionen

200 g reife Tomaten
1 Mango (ca. 300 g)
2 Zwiebeln
200 g Hähnchenbrustfilet
Salz
Pfeffer aus der Mühle
edelsüßes Paprikapulver
1 Zweig Rosmarin
20 g Walnusskerne
100 g Bulgur
2 EL Walnussöl
1 Msp. Fenchelsamen

Zubereitung

Tomaten waschen, halbieren und die Stielansätze entfernen. Tomaten in Spalten schneiden. Mango schälen, Fruchtfleisch vom Stein und in kleine Würfel schneiden. Zwiebeln schälen, halbieren und in schmale Streifen schneiden. Das Hähnchenfilet waschen, trocken tupfen, in mundgerechte Streifen schneiden und mit Salz, Pfeffer sowie Paprikapulver würzen.

Den Rosmarin waschen und trocken tupfen. Walnüsse grob hacken und in einem kleinen Topf ohne Fett anrösten, bis sie duften. Bulgur, Rosmarin und 200 ml Wasser hinzufügen. Mit Salz würzen und zugedeckt bei schwacher Hitze etwa 10 Minuten ausquellen lassen.

Inzwischen 1 EL Öl in einer Pfanne erhitzen und das Hähnchenfleisch darin bei mittlerer Hitze rundum braun anbraten, herausnehmen und warm halten. Die Zwiebeln im Bratensatz zugedeckt andünsten, bis sie Farbe annehmen. Restliches Öl, Fenchelsamen, Mango und Tomaten hinzufügen. Mit Salz, Pfeffer sowie Paprikapulver würzen und offen bei schwacher Hitze etwa 10 Minuten schmoren.

Das Hähnchenfleisch samt Bratensaft zur Mangomischung geben und alles mit Salz und Pfeffer abschmecken.
Den Rosmarinzweig aus dem Bulgur entfernen und diesen mit dem Mango-Tomaten-Hähnchen servieren.

Pro Portion ca. 520 kcal,
32 g EW, 19 g F, 53 g KH, 10 g BST
Zubereitungszeit ca. 25 Minuten

Asia-Nudeln mit Putenfilet

Für 2 Portionen

2 Möhren

300 g Mangold

2 Frühlingszwiebeln

1 Knoblauchzehe

½ rote Chilischote

200 g Putenfilet

4 EL Sojasauce

½ EL geriebener Ingwer

1 EL Honig

1 EL Limettensaft

140 g Vollkornlinguine

Salz

2 EL Rapsöl

100 ml Gemüsebrühe

etwas abgeriebene Schale von 1 Bio-Limette

etwas Koriandergrün

Zubereitung

Möhren putzen, schälen und längs in Streifen schneiden. Mangold putzen und waschen, Blätter in Streifen und Stiele in Stücke schneiden. Frühlingswiebeln putzen, waschen und in feine Ringe schneiden. Knoblauch schälen, Chilischote waschen und beides fein hacken.

Putenfilet in feine Streifen schneiden. 2 EL Sojasauce, die Hälfte des Ingwers, des Knoblauchs und der Chilischote mit Honig und Limettensaft vermischen. Das Fleisch kurz darin marinieren.

Nudeln nach Packungsanweisung in kochendem Salzwasser bissfest garen. Putenfleisch in 1 EL Öl in einer Pfanne rundum braten, herausnehmen und warm stellen. Möhren, Mangoldstiele und Frühlingszwiebeln im Bratfond und dem restlichen Öl 3 Minuten braten.

Restlichen Ingwer, Knoblauch und Chili dazugeben und kurz mitbraten. Mangoldblätter hinzufügen, weitere 2 Minuten braten. Brühe, übrige Sojasauce, Limettenschale und Fleisch samt Bratflüssigkeit dazugeben und kurz erhitzen.

Nudeln in ein Sieb abgießen und unter die Gemüse-Puten-Pfanne mischen. Mit Koriander garniert servieren.

Pro Portion ca. 564 kcal,
41 g EW, 13 g F, 65 g KH, 8 g BST
Zubereitungszeit ca. 25 Minuten

Desserts

Zitronen-Quarkcreme mit zweierlei Topping

Für 2 Portionen

Für die Zitronen-Quarkcreme:

½ Bio-Zitrone

250 g Magerquark

50 g Schmand

3 EL kohlensäurehaltiges Mineralwasser

2 EL flüssiger Honig

Zusätzlich für das Melonen-Topping:

500 g Wassermelone

½ Bio-Limette

1 Stiel Minze

Zusätzlich für das Erdbeer-Topping:

200 g Erdbeeren

2 EL Aceto balsamico

2 TL flüssiger Honig

4 Basilikumblätter

Zubereitung

Für die Zitronen-Quarkcreme Zitrone heiß waschen, trocken reiben, die Schale fein abreiben und den Saft auspressen. Quark, Schmand, Mineralwasser, Honig, Zitronensaft und -schale in einer Schüssel mit dem Schneebesen cremig aufschlagen, auf zwei Schalen verteilen und nach Belieben mit marinierter Melone oder Balsamico-Erdbeeren toppen.

Für das Melonen-Topping die Melone schälen, falls nötig, entkernen und in Würfel schneiden. Die Limette heiß waschen, trocken reiben, die Schale fein abreiben und den Saft auspressen. Die Minze waschen und trocken tupfen, die Blätter abzupfen und in feine Streifen schneiden. Alles in einer Schüssel mischen und mindestens 30 Minuten marinieren.

Für das Erdbeer-Topping die Erdbeeren waschen, putzen und vierteln. Essig und Honig in einer Schüssel glatt verrühren, die Erdbeeren untermischen und mindestens 30 Minuten marinieren. Erdbeer-Topping auf der Quarkcreme anrichten und mit den Basilikumblättern garnieren.

Pro Portion mit Melonen-Topping
240 kcal, 17 g EW, 7 g F, 34 g KH, 1 g BST
Zubereitungszeit ca. 20 Minuten
(+ ca. 30 Minuten marinieren)

Pro Portion mit Erdbeer-Topping
245 kcal, 17 g EW, 7 g F, 34 g KH, 2 g BST
Zubereitungszeit ca. 20 Minuten
(+ ca. 30 Minuten marinieren)

Haferflocken-Crumble mit Beeren

Für 2 Portionen

Butter oder natives Kokosöl für die Form

50 g zarte Haferflocken

10 g gemahlene Mandeln

10 g Rohrohrzucker

1 Msp. gemahlene Vanille

Salz

25 g weiches natives Kokosöl

125 g Erdbeeren

125 g Himbeeren

50 g Heidelbeeren

Zubereitung

Den Backofen auf 180 °C vorheizen. Zwei kleine ofenfeste Förmchen mit Butter oder Kokosöl einfetten.

Haferflocken mit Mandeln, Zucker, Vanille und 1 kleinen Prise Salz in einer Rührschüssel mischen. Das Kokosöl dazugeben und alles mit den Händen zu krümeligen Streuseln verarbeiten. Bis zur Verwendung kühl stellen.

Erdbeeren putzen, waschen und klein schneiden. Himbeeren und Heidelbeeren verlesen, waschen und trocken tupfen. Die Früchte in den Förmchen gleichmäßig verteilen und mit den Haferflocken-Streuseln bestreuen.

Den Crumble im Ofen auf der mittleren Schiene 20 bis 25 Minuten goldbraun backen. Herausnehmen und vor dem Servieren kurz abkühlen lassen.

Pro Portion ca. 310 kcal,
6 g EW, 17 g F, 31 g KH, 8 g BST
Zubereitungszeit ca. 15 Minuten
(+ ca. 25 Minuten backen)

Avocado-Schoko-Mousse

Für 2 Portionen

1 reife Avocado

½ EL Cashewmus

5 EL Haferdrink

2. EL Kakaopulver (ungesüßt)

½ TL Vanillepulver

½ TL gemahlener Kardamom

3 EL Reissirup (oder Ahornsirup)

Meersalzflocken (nach Belieben)

Zubereitung

Die Avocado halbieren, den Stein entfernen und das Fruchtfleisch aus der Schale lösen. Mit Cashewmus, Haferdrink, Kakaopulver, Vanille und Kardamom in den Mixer geben und alles zu einer luftigen Mousse verarbeiten.

Den Reissirup hinzufügen und alles gut verrühren. Nach Belieben etwas nachsüßen. Die Mousse in zwei Schälchen füllen und nach Belieben mit 1 kleinen Prise Meersalzflocken bestreut servieren.

Pro Portion ca. 221 kcal,
4 g EW, 13 g F, 19 g KH, 6 g BST
Zubereitungszeit ca. 10 Minuten

Apfel-Traum

Für 2 Portionen

200 g griechischer Joghurt (5% Fett)

100 g Vanillequark

100 g ungesüßtes Apfelmark (aus dem Glas; z.B. aus Bioladen oder Drogerie)

2 EL Kürbiskerne

Zubereitung

Joghurt und Quark glatt rühren. Die Hälfte der Vanillecreme in zwei Gläser mit je etwa 350 ml Inhalt füllen. Etwa drei Viertel des Apfelmarks daraufgeben, übrigen Creme einfüllen und mit übrigem Apfelmark toppen.

Kürbiskerne in einer Pfanne ohne Fett anrösten. Kurz abkühlen lassen, dann über den Apfel-Traum streuen. Gläser verschließen oder abdecken und den Apfel-Traum bis zum Verzehr kühl stellen.

Tipp

Wenn mehr Zeit ist, kann man anstelle des Apfelmarks Apfelmus selbst kochen. Eine exotische Note bekommt das Dessert, wenn man statt des Apfelmarks 1 pürierte reife Mango nimmt.

Pro Portion ca. 195 kcal,
12 g EW, 9 g F, 15 g KH, 2 g BST
Zubereitungszeit ca. 5 Minuten

Schnelles Beeren-Eis

Für 2 Portionen

250 g gemischte tiefgekühlte Beeren

100 ml Kokosmilch

1 TL Zucker

2 TL Pistazienkerne

Zubereitung

Die tiefgekühlten Beeren in den Mixer geben. Die Kokosmilch und den Zucker hinzufügen und alles etwa 5 Minuten antauen lassen.

Inzwischen die Pistazien in einer Pfanne ohne Fett hell rösten, bis sie duften. Sofort herausnehmen und abkühlen lassen, dann grob hacken.

Die Beerenmischung im Mixer so lange fein pürieren, bis eine cremige Masse entstanden ist. Das Eis auf Dessertschalen verteilen und mit den gerösteten Pistazien bestreuen.

Pro Portion ca. 190 kcal,
4 g EW, 14 g F, 11 g KH, 5 g BST
Zubereitungszeit ca. 15 Minuten

Für 2 Portionen

2 Äpfel (z.B. Elstar)

60 g Haselnüsse (oder Mandeln)

Zimtpulver

Gebackener Apfel

Zubereitung

Backofen auf 200 °C vorheizen. Äpfel schälen, vierteln und entkernen. Apfelviertel in Würfel schneiden und in eine kleine Auflaufform geben. Haselnüsse hacken, über die Äpfel verteilen und mit Zimt bestäuben.

Die Äpfel im Ofen auf der mittleren Schiene etwa 15 Minuten backen, bis die gewünschte Bräunung erreicht ist. Der gebackene Apfel schmeckt solo, aber auch als warmes Topping zu Joghurt, Quark und Skyr.

Pro Portion ca. 283 kcal,
5 g EW, 19 g F, 21 g KH, 5 g BST
Zubereitungszeit ca. 20 Minuten

Für 2 Portionen

2 Pfirsiche

2 EL Kokosöl (oder Rapsöl)

4 Handvoll Heidelbeeren

½ TL Vanillepulver

2 EL Kokosraspel

etwas Ahornsirup

ein paar Minzeblätter
(gewaschen und gehackt)

Gedünsteter Pfirsich

Zubereitung

Die Pfirsiche waschen, halbieren und entsteinen. Hälften klein schneiden. In einer Pfanne das Öl erhitzen und die Pfirsiche darin bei schwacher Hitze andünsten. Die Heidelbeeren waschen, verlesen und mit dem Vanillepulver dazugeben, vorsichtig mischen und den Herd ausschalten. Die Kokosraspel unterrühren. Nach Belieben mit Ahornsirup süßen. Das Obst auf Schalen verteilen und mit Minze garniert servieren.

Pro Portion ca. 227 kcal,
2 g EW, 16 g F, 15 g KH, 5 g BST
Zubereitungszeit ca. 15 Minuten

Wassermelonen-Gelee

Für 4 Portionen

½ kleine kernarme Wassermelone (ca. 500 g)

½ Bio-Zitrone

½ EL Traubenzucker

Zimtpulver

1 EL Speisestärke

1 EL Naturjoghurt

ein paar Minzeblättchen

Zubereitung

Die Melone in Spalten schneiden, das Fruchtfleisch aus der Schale lösen, zerkleinern und durch ein feines Sieb streichen, dabei den Saft auffangen. Etwa 250 g Fruchtsaft abmessen und in einen Topf geben.

Zitrone heiß waschen, trocken reiben, die Schale mit dem Zestenreißer abziehen und zugedeckt beiseitestellen. Saft auspressen und mit Traubenzucker und 2 Prisen Zimt unter den Melonensaft rühren.

Die Speisestärke mit 1 ½ EL Wasser glatt rühren. Melonensaft erhitzen, die angerührte Stärke untermischen und bei mittlerer Hitze etwa 2 Minuten köcheln. In kalt ausgespülte Dessertgläser füllen und erkalten lassen, dann mindestens 3 Stunden in den Kühlschank stellen.

Zum Servieren auf jedes Melonengelee einen Klecks Joghurt setzen und mit den Zitronenzesten bestreuen. Mit den Minzeblättchen garnieren.

Tipp

Für eine größere Runde die drei- oder vierfache Menge zubereiten und in einer großen Form erkalten lassen. Den Joghurt mit etwas Sahne cremig rühren und als dünne Schicht obenauf gießen.

Pro Portion ca. 134 kcal,
2 g EW, 1 g F, 28 g KH, 1 g BST
Zubereitungszeit ca. 20 Minuten
(+ 3 Stunden kühlen)

Rezeptregister

H

K

L/M

N

O/P/Q

Sachregister

Impressum

Apotheken Umschau:
Schlank mit Genuss Intervallfasten

ISBN 978-3-927216-72-3
PZN: 17863320

1. Auflage 2022
Wort & Bild Verlag
Konradshöhe GmbH & Co. KG
Konradshöhe 1, 82065 Baierbrunn
Handelsregister: Amtsgericht München
HRA 44980 / USt-ID-Nr. DE 130750628

Geschäftsführer:
Andreas Arntzen (Vorsitzender),
Dr. Dennis Ballwieser, Malte von Trotha
Chefredaktion: Dr. Dennis Ballwieser,
Julia Rotherbl

Projekt- und Redaktionsleitung: Beatrice Sobeck
(Isartal Health Media GmbH & Co. KG; IHM)
Konzept und Lektorat: Elke Schurr (IHM)
Text: Stephanie Arndt
Rezepte: Elke Schurr (IHM), Eva-Maria Hege
Projektmitarbeit: Christine Kluge
Grafisches Konzept: Dominik Schwarz (IHM)
Layout & Satz: Büro 18, Friedberg
Bildredaktion: Stephanie Wiegand (IHM),
Dana Römhild-Fries
Reinzeichnung/ Bildbearbeitung: Olaf Schnee
Produktion: Angelika Emmert
Druck: Grafisches Centrum Cuno GmbH
& Co. KG, Calbe
gedruckt im Ultra HD Print®

MIX
Papier aus verantwortungsvollen Quellen
FSC www.fsc.org
FSC® C043106

Klimaneutral
Druckprodukt
ClimatePartner.com/13493-2109-1011

Im Vertrieb der Edel Verlagsgruppe
Edel Germany GmbH,
Neumühlen 17, 22763 Hamburg,
buchvertrieb@edel.com

Realisierung mit freundlicher Unterstützung
durch die:
Edel Verlagsgruppe GmbH
Kaiserstraße 14 b, 80801 München
ZS – Ein Verlag der Edel Verlagsgruppe

Hinweis: Die Ratschläge in diesem Buch wurden sorgfältig von Autoren und Verlag erarbeitet und geprüft. Erkrankungen gehören in ärztliche Behandlung. Das Buch kann daher keinen ärztlichen Rat ersetzen.

Bildnachweise:
Covermotiv: Gräfe & Unzer/Katrin Winner,
Jan-Peter Westermann
Paper Artist & Photography Maren Schabhüser
Studio: U4, Seite 4, 6/7, 11,17, 18/19, 20/21,
26/27, 28/29, 30/31, 34/35, 40/41, 42/43,
58/59, 74/75, 100/101, 122/123,132/133
Seite Bildnachweis:
9 lunamarina/AdobeStock
13 Jakob Lund/AdobeStock
14 Firn/iStock / Getty Images Plus
15 Stefania Pelfini, La Waziya Photography/
Getty Images
23 MASKOT/GETTY Images
24 freshSplash/getty images, Anastasiia Krivenok/
Getty Images
25 Alberto Bogo/stocksy united
31 Westend61/getty images
32 fcafotodigital/Getty Images
37 Dougal Waters/Getty Images
39 Tom Werner/Getty Images
45,69, 70,76, 81 W & B, Jörn Rynio
46/47 Brigitte Sporrer
48 Stockfood/ZS-Verlag/Anke Schütz
49,65,113,115,149,151 Mathias Neubauer
51,52,72,73,83,87, 91,93, 163,166 Claudia
Timmann
53,103,104,117,121,159 Coco Lang
119 Gräfe & Unzer/ Katrin Winner
54,57,62,111,12, 154,161, 167 Julia Hoersch
55,131, Studio Diercks
61,71,80,85,95,157 Kramp & Gölling
67 W & B; Meike Bergmann
79 StockFood / für ZS Verlag / Timmann, Claudia
88,105,107,129,165 Jan-Peter Westermann
97,108,125 Konstantin Reyer
99 Wolfgang Schardt
135, 141,137, 139,145,143, 147,153
Carsten Eichner
169 Gräfe & Unzer/ Coco Lang